郭力源◎著

最佳职业经理人

40年职业生涯的职业心得

中国财富出版社

图书在版编目（CIP）数据

最佳职业经理人：40年职业生涯的职业心得／郭力源著．—北京：中国财富出版社，2015.6

（华夏智库·金牌培训师书系）

ISBN 978－7－5047－5641－1

Ⅰ．①最…　Ⅱ．①郭…　Ⅲ．①企业领导学　Ⅳ．①F272.91

中国版本图书馆CIP数据核字（2015）第070362号

策划编辑　范虹轶　　**责任印制**　方朋远
责任编辑　范虹轶　　**责任校对**　梁　凡

出版发行　中国财富出版社
社　　址　北京市丰台区南四环西路188号5区20楼　　**邮政编码**　100070
电　　话　010－52227568（发行部）　010－52227588转307（总编室）
　　　　　　010－68589540（读者服务部）　010－52227588转305（质检部）
网　　址　http://www.cfpress.com.cn
经　　销　新华书店
印　　刷　北京京都六环印刷厂
书　　号　ISBN 978－7－5047－5641－1/F·2348
开　　本　710mm×1000mm　1/16　　**版　　次**　2015年6月第1版
印　　张　16　　**印　　次**　2015年6月第1次印刷
字　　数　229千字　　**定　　价**　36.00元

写在前面的话

大家都知道麦当劳，而且知道它是快餐连锁店，也知道它主要是卖汉堡包和薯条的。于是，许多人理所当然地认为，麦当劳就是靠出售汉堡包和薯条赚钱。

其实，麦当劳企业的支柱并不是汉堡包，更不是薯条，而是与之毫不相关的房地产。

现在，大家都知道小米手机卖得非常火，被人们称为最发烧手机。网上有网友提问：小米为什么叫最发烧手机？另一个网友则答复道：同等价位的手机，小米的最出色；同等配置的手机，小米的最便宜。毫无疑问，这个总结显然颇有道理。

那么能否再进一步问，小米究竟在玩什么呢？其实，小米玩的是虚荣心营销。

小米恰到好处地满足了草根阶层的心理需求，既物美价廉又很有面子，这是小米最精明的一个地方。他们把草根的标签换成了“发烧友”，让消费者感觉非常有面子，甚至引以为豪。尽管大多数人并不是真的发烧友，但是却喜欢这顶帽子，就像很多人不是老板，却喜欢别人称他为老板一样。

我们不妨再拓展一下范围，企业经营的本质到底是什么呢？如果抛开企业经营领域、经营内容和经营方式，直奔问题的最核心本质，企业的本质就是赚取最大的利润！这个结论当然没错，但是怎么来实现这个结论呢？或者说通过什么途径来完成这个结论呢？也就是说，什么是企业经营的本质。

言归正传，企业经营的本质——其实就是经营人心！不仅要经营好消费者的人心，而且要经营好企业团队的人心。因为只有经营好企业团队的人心，才能经营好消费者的人心。

据说，日本研究者曾经做过一项很有创意的研究——水结晶实验。研究者让水在低温下结成像冰一样的固态，然后用相当精密的高度显微镜观察并拍摄水的结晶。后来，拍摄水结晶的研究员突发奇想："让水听听音乐，看看会有什么样的结晶呢?"

结果，听贝多芬《田园交响曲》的水与听莫扎特《四十号交响曲》的水，都呈现出美丽的结晶。但是，重金属音乐却让结晶呈现混乱的形状。

我曾经到过福建的华祥苑有机茶基地，那里满山都是娓娓动听的民族音乐。我还看到一块牌子，上面写着"听音乐生长的茶叶"。茶专家介绍说：优美的音乐是促进有机茶生长的重要法宝。其实，动植物（包括人类）的体内都有一块音乐区，能感受音乐的作用。比如，茶树通过叶片表面分布的许许多多的气孔来进行交流，当音乐播放后，音乐的旋律经空气传播会产生有节奏的声波，声波振动刺激茶树叶片表面的气孔，可增大气孔开放度。气孔增大后，植物增加吸收了光合作用的原料——二氧化碳，使光合作用更加活跃，合成的有机物质不断增加；同时，茶树的呼吸作用也得到增强，为植物的生长提供了更多的能量，这样茶树便显得生机勃勃了。有机茶听到这些音乐，体内的多种酵素会更加活跃，更好地优化茶树光合生化作用，快乐成长，所以这些有机茶是真正听音乐长大的茶。

这应该就是日本研究者所得出结果的现实应用。

作为职业经理人，当然应该追求成为经营人心的艺术大师，使自己的经营管理手法具备像贝多芬、莫扎特或者民族音乐那样的效果；抑或像一块强劲的磁石，把散乱如铁屑的人心吸附并且协调，以经营好企业。

怪不得古人说："汝果欲学诗，功夫在诗外。"在本质的门外徘徊得再久，也不可能登堂入室；而只有登堂入室，方能直达本质。把握了本质之后，自然就会达到"运用之妙，存乎一心"的境界。

积四十年职业经理人经营管理之经验，我才有上述这些感悟。

作　者

2015 年 3 月

目录

contents

第一章 闯荡江湖需要哪些资本

在经营管理大师、专家、导师等令人生畏的头衔满天飞的今天，如何评价一位职业经理人是否成功？我认为应该有四条：一是在你从业任职期间是否创造了一个以上的知名企业；二是在你任职期间是否创造了超过前任、后者又没有超越的业绩；三是你是否创造了自己的管理理论；四是在你任职期间是否培养了一批能够传承你思想的人。没有以上四条何谈经营管理大师、专家、导师？

没有金刚钻，别揽瓷器活

俗话说得好：“没有金刚钻，别揽瓷器活。”对于职业经理人这一群体来讲，这句话就是说，作为职业经理人如果没有企业要求具备的才能，或者不能在短期内提升到企业需求的层面，单纯地追求一份待遇或者某个职位是不理性的。

没有金刚钻，是无法胜任瓷器活的。如果是通过自我包装或夸大来获得这样的工作，对于企业来说，是不公平的，最终结果大都是短暂的蜜月期之后就是分手。对于企业，损失一定的经济成本并不是最重要的，最重要的是时间成本，不仅会让企业的工作无法按原计划顺利开展，还得重新物色合适的人员，无形中也就丧失了市场机会。

对于职业经理人来说，同样也有损失。首先，职业生涯中增加了一段不成功的经历；其次，对于个人的信心也是一种打击。因此，对于一个成熟的职业经理人来说，在接受一份新的工作之前，勇于挑战的信心不可或缺，但也要有足够的理性和充分的判断，做到知己知彼。

因此，作为职业经理人，始终保持学习的热情和提高自己的意识是十分必要的，即使在顺利的环境下，也要时刻谨记“花无百日红”，要有职业的危机感，始终保持独特的职业优势和价值。手握金刚钻，避免被淘汰，如此才能在职场中立于不败之地。

对于职业经理人来说，有十种能力是必须具备的。

（一）角色认知能力

职业经理人既是企业高层的下属，又是下属的上级，同时与平行部门又是同级关系，另外，在工作中，职业经理人需要经常转换角色，这就很容易出现偏差。所以，在实现管理作用方面，角色认知能力是最基础的。

（二）目标管理能力

如果企业中的每个成员都有自己的想法，而没有共同目标，企业是很难发展的。目标管理就是要实现大家一条心，共同为企业的目标努力。例如，《西游记》中的四个人物都有各自的目标和追求，但唐僧的作用就在于把沙僧、猪八戒、孙悟空的个人追求都统一到去西天取经的共同目标上，因此，作为一个领导者，唐僧是成功的！

（三）组织领导能力

关于组织领导能力存在这样的误区：有一些职业经理人，尤其是资深的职业经理人，习惯于通过直接下命令的方式来实现其领导作用。其实，组织领导能力是一种影响力，其最高境界是使下属自觉自愿地为企业的目标去努力工作。

一提到领导有些人会想到权威，其实领导能力不等于职务权威，而是领导者所具有的知识权威、个人魅力，以及对下级的感召力。

（四）良好的沟通能力

一直以来，关于沟通存在两个“70%”的说法：第一个说法是，职业经理人把70%的时间用于沟通方面；第二个说法是，企业70%的问题是由于沟通障碍引起的。这两个说法都说明了一个问题：职业经理人必须花大量的时间和精力用于解决沟通的问题。一个高效管理团队的沟通是没有成本的，而一个低效的管理团队会耗费大量的沟通成本。

（五）时间管理能力

优秀的职业经理人和糟糕的职业经理人的工作效率可能会相差十倍以上，导致这种差距的重要原因可能是对时间管理的不同。职业经理人处在企业的枢纽地位，对时间的管理不仅会影响到自身的效率，也会影响他的上级、同级和下属。因此，高效的时间管理是职业经理人必备的能力。

（六）教练培训能力

在企业里，员工 70% 的能力来源于他的上司，是上司在工作当中辅导或教练来的。另外的 30% 可能才来自于企业的培训和教育活动。这就意味着，如果职业经理人不懂得如何去教练、培养、辅导自己的下属，下属很可能不具备那 70% 的能力。

对于现代的职业经理人来讲，教练培训能力是一项十分重要的能力，企业的各级管理者应该担当起培训师的角色。

（七）激励激发能力

企业里的激励手段一般都是由高层提供的，比如：提高薪酬、晋升、股票期权、显示地位等，而在职业经理人队伍中大部分的中层经理却没有这么多权力或者资源为其下属提供这些激励，这就对职业经理人的激励能力提出了更高的要求。一提到激励很多人就会想到奖励，其实精神上的激励更为重要，那就是关心交心、感情的融洽、尊重下级。

（八）信任授权能力

信任会产生无比的动力！有些职业经理人认为，高层对他的信任不够，授权范围很小，因而他无法或没有必要对下属授权。实际上，调查表明，普通员工对于职业经理人在授权方面的要求比中层对于高层在授权方面的要求更加强烈。管理一般要通过他人来达成工作目标，只有对下属进行有效授权，才能调动他们为实现共同目标而努力的积极性。所以，授权对于职业经理人也是非常重要的。

（九）绩效评估能力

企业每年都会对员工的工作进行绩效考核，不仅有利于评估员工的工作状态和工作成果，还可以有效地根据考核的结果进行人事决策，这个考核关系到员工的薪酬调整、职位升迁、任免等各个方面。过去，职业经理人在这个过程中是没有多大作用的，但是如今职业经理人必须和下属保持绩效伙伴的关系，要为下属的工作绩效的提升负责。

（十）团队发展能力

现在，无论是跨国企业、民营企业，还是国有企业，都很注重团队精神和团队建设。其实，企业发展的关键，30%是可以通过文字形式描述的管理制度，而70%则是靠团队协作完成的。一个团队里，每个成员各有自己的角色，各有自己的长处和短处。中层管理人员必须善于发掘下属的优点，提高团队的整合能力。如果求全责备你就没有可用之人，领导者的任务之一就是对成员的整合。

写给职业经理人

对于职业经理人而言，要找到合适的位置、要实现自身的价值、要实现职业生涯规划的目标，首先要提高自身的能力，这就是有了金刚钻才去揽瓷器活。如果手中空无一物，怎么敢揽活；即使真的揽上了活，你又如何来完成？

先具备忠诚，再来谈从业

近年来，对于中国职业经理人这一新兴阶层来说，可谓多事之秋。比如：

有“中国职业经理第一人”之称的陆强华，从创维跳到高路华，转而又自立门户，创办上海人众；

扑朔迷离的“中国职业经理人第一案”前不久刚刚开庭，喷施宝的前总经理王惟尊是“揭假账英雄”还是商业受贿的“叛逆分子”，仍然难以定论；

原小霸王总经理段永平“釜底抽薪”，创办步步高，“挤垮”小霸王；

华帝集团总经理姚吉庆离开华帝，到威莱数码当起了老板；

……

面对这些，人们很容易探讨一个话题，即“忠诚”。然而，人们很难想象到，所有这些事件的发生以及人们对事件的争论恰恰源于对经理人忠诚的理解分歧和认识误区。

2000 年 11 月 2 日，在 4 年内一手将创维电视的销售业绩从 7 亿元做到 43 亿元的前创维区域销售总经理陆强华，发表了《致创维销售体系全体员工公开信》，将其与创维集团 4 年来的恩恩怨怨彻底公开，并携 150 多名精兵强将投奔到了竞争对手高路华的门下，至此，一个原本简单的高层员工流动变成了对原企业的致命打击。

陆强华对创维集团的忠诚分析，需要分三步进行，即陆强华离开创维前、离开创维时和离开创维后对创维集团的忠实状况。

陆强华在创维集团工作的4年期间，创维电视销售翻了6倍，虽然不能说全部是其一个人的功劳，但足以证明，陆强华有卓越的才干，贡献了全部的才智，因此，不管陆强华与创维集团有多少恩怨，在这4年期间，陆强华对创维的忠诚是不可否定的！

陆强华离开创维时，完全不顾对受聘企业正常经营管理活动的影响，发表了《公开信》，公开个人恩怨，还带领150多名部下集体投奔竞争对手，给原企业造成了致命打击，这些行为是严重背叛创维的行为，因此谈不上半点忠诚。之所以背叛，是因为陆强华把对企业的忠诚误解为对所有者的忠诚，把经理人与所有者的利益冲突，归结到与创维集团企业的身上。

离开创维后，当有记者问“你在东菱的目标是什么”时，陆强华回答说：“和创维抗衡，仅仅是一方面。”

（摘自《职业经理人：陆强华——弱势也要做到底》，
《市场报》2002年2月21日，作者：田炜华）

离开创维后，陆强华利用原企业的资源与创维相抗衡，虽然陆强华不再是创维的经理人，但却严重违背了经理人的职业道德，因此，正确理解经理人忠诚的含义，有利于人们树立正确的忠诚观，掌握评价忠诚的尺度，从而推动职业经理人市场的健康成长与发展。

我们力之源饭店管理企业的所有高管人员从任职企业离开时都会把服务于企业的所有资料整理装订成册，连同电子文档随附交接清点，同时交给任职的企业。同时我们也承诺，在我们与受聘企业合作结束后的一年内，不挖聘对方的任何人员。

对于职业经理人来说，懂得如何实现忠诚，甚至比理解经理人忠诚的含义更具现实意义，因为这直接关系到经理人的职业成功。那么，职业经理人怎样才能做到忠诚呢?

(一)就职前——做好忠诚实现的评价和保障

所谓忠诚实现条件评价是指，在就职前或试就职期间客观分析就职企业和所有者的基本状况或特性，比较自身的职业特点、特长和期望，评价自身实现对企业、所有者和职业忠诚的能力。换句话说，就是要选对企业、选对老板、选对行当，也就是要走对门。

经理人走错门是常有的事，而其中最容易犯的错误，不是被金钱所诱惑，恰恰是被老板所迷惑。面对求贤若渴、朴实无华、壮志凌云、推心置腹的老板，再加上开出的不菲条件，经理人往往会兴奋不已，自以为找到了价值观相同的老板；千里马终于遇到了伯乐，获得了施展拳脚、实现抱负的舞台，冲动取代了理智，走错门也就由必然转为偶然。

经理人要清醒地认识到，尽管老板对自身的职业生涯非常重要，但职业经理人忠诚的核心是企业，而不是所有者，更不是所面见的老板。在没有基本了解企业之前，断然肯定跟对了老板，就是给自己发送错误信息，只能增加自己的职业风险。

那么，如何做好忠诚实现条件的评价和保障工作呢?

1. 尽可能多地采集有关就职企业信息

在接到邀请后，经理人对于邀请企业的信息，要做到三个“不全信”:不全信自己过去掌握的信息，不全信企业老板的自我陈述，不全信中介提供的材料。即使是非常熟悉的企业，也不要忽视了信息的采集工作，因为自己对企业的了解，即使最全面、最准确，也已成为过去，很可能不再有效。即使企业老板的陈述非常诚恳，非常符合自己对该企业的真实看法，也不要轻易放弃信息采集。即使是密切合作过的中介企业，甚至是最要好的朋友，也不能放松采集信息。

2. 根据采集的信息，比较自我条件

要客观地评价自我的经验、知识与能力，初步评价企业的产业结构，评价目前的市场地位和所在行业的前景，分析比较企业的优势和劣势，推测企业聘用的意图，是为了满足战略上的需要，还是仅仅为了解决战术问题。

问问自己，我具备这样的条件与能力吗？如果不具备，那为什么要用我？是因为我的名气，所掌握的资源，还是具备这样的潜力？

要研究所有者的结构，谁是真正的老板？还有其他老板吗？他们的决策地位，他们在过去经营管理中表现出来的工作方式和风格是什么？在企业目前状况下，聘用或换用职业经理人是否正常？

这种工作方式、风格和价值观与自己的相比较，会不会有根本性的冲突，我有能力调整自己或影响他们的价值观吗？如果没有，一旦发生冲突，我该如何应对，并有多大的处理能力？

企业所给的职位，是否符合自己的特长？或是否符合自己的职业追求？

初步评价有80%的把握或符合性就是稳妥的，60%就是需要冒险的，如果连50%都没有达到就应该谢绝。

3. 进一步核实信息的真实性与评价的可靠性

即使初步评价有100%的把握，也不要立刻签约。要争取更多的机会与老板交流和沟通，争取机会到企业进行实地考察，并争取接触到企业内部不同层次的员工，通过这些活动，进一步核实采集信息的真实性和能力评价的可靠性。

由于这些活动一般比较短促，所获的信息并不一定很可靠，所以，即使经理人和企业双方都非常满意，也要给双方一定期限的磨合期。磨合期的长短，一般要根据双方前期相互了解和评价工作来定，如果了解与评价

工作做得比较扎实，就可以适当短一些；否则应当长些，并根据以后双方的磨合进度再确定是否提前结束磨合期。

4. 用合约来保障忠诚实现的条件

不要相信口头承诺，即使有 100% 的把握肯定对方能兑现。如果碍于情面，可以让中介企业从中斡旋。同时，书面协议必不可少。不管是否商定了磨合期，合约条款都要有一定的弹性，即在商定的底线下，把企业提供的条件与自身努力实现的业绩结合起来，签订利益分配方案。

将利益分配与业绩挂钩不仅有利于见证自己的实力，而且可以避免在业绩增长超乎寻常时企业食言。一旦前期评价有意外失误或任期内业绩低得出乎意料，确定底线，还可以保障获得合理的固定报酬。

职业经理人与老板合作之所以会失败，绝大多数的原因就在于职业经理人急于找工作、禁不住高薪的诱惑、不了解企业的文化和背景、摆不正位置，而老板也多是求贤若渴、期望值过高、急于求成。

职业经理人要维护自身的权益，协会等民间组织也要担当起维护职业经理人权益的责任。在现实生活中，如果个别的业主承诺不兑现，伤害职业经理人的利益，职业经理人就要拿起法律的武器保护自己，这其中不只是利益的问题，也是尊严的问题。

（二）就职期内之——尽责、尽心、尽力

前期评价工作做得充分，可以确保企业现状与期望的相差不大，在这种情况下，经理人上任后如果能尽责、尽心、尽力地开展工作，基本上能够保障对企业忠诚的实现。

1. 尽责

尽是竭尽，责是责任。

职务与责任是休戚相关，担当什么职位就有什么责任。职业经理人要了解自己应该担当的责任。

上任之前就应该与老板确定你所担当的责任是什么，与你的职位是否相一致。有的企业尽管聘任你担任总经理，但是你有责无权；有的则是名不副实，如副总经理担当着总经理的责任，因为老板不止一个人。

尽责就是最大限度地履行自己的职责，就是要摆正自己的位置、忠于自己的组织、对工作尽职尽责。在修炼上，要有学习力，要不断地给自己充电、自我完善、不断提升；在行动上要有执行力，要坚决地执行董事会的决议，不打折扣；在遇到问题时，要不找任何借口、勇于克服困难，有一种勇往直前的精神；在组织上，要富有领导力，要善于调动下级的积极性，要能营造良好的工作氛围，要沉淀出独特的团队精神。为此，要尽心。

2. 尽心

尽心，就是把心思投入到企业运行中。

既然做了该企业的经理人，就要专心致志地投入到企业的运行中，不要吃着碗里的还霸着锅里的，总想着自己出来单干，想着伸来橄榄枝的其他企业。经理人忠诚的核心是企业，职业忠诚要通过企业忠诚来实现，只有扎扎实实做好现有企业的工作，才能谈得上职业或事业上的更高追求。

（1）尽心是把心思投入到企业中，而不是专注于所有者

经理人忠诚的核心是企业，对所有者的忠诚要通过对企业忠诚来实现。揣摩老板的心思，只能用于选择实现企业利益的最佳沟通方式，切不可投其所好，讨老板的欢心，这种欢心只能是暂时的，一旦企业受损，立刻会引起老板的怨恨和对你的鄙视；相反，基于企业利益，即使无法达成共识，因决策失误带来的损失，也只会引起老板的反省和对你的尊重，即便碍于面子，需要找你做替罪羊，他的内心深处对你也会越加敬重。

（2）不要卷入老板之间的纷争

即使老板们都让你站出来说句公道话，也要把主题引向大家利益的结合点——企业！共识的增多，就是分歧的减少，遇到任何利益冲突和观点

分歧，把企业利益作为沟通的基石，不仅有助于沟通本身，而且会成为避免你受到伤害的挡箭牌。

（3）尽心是尽到心思，并不要求你贡献出全部的时间

工作以外，要抽出时间过好家庭生活，有幸福美满的家庭支撑，就无后顾之忧，这样，才能做到每天上班都有一个好心情，全身心地投入到工作中去。

要抽出时间用于学习和自我提高，整天钻在工作中，会让你忘记书本上最基本的理论与原则，更别说更新你的知识、补充营养了。

抽出时间结交职场与生意以外的朋友，他们很普通的一句话，也能拓展你的思路、给你带来灵感。为此，要尽力。

3. 尽力

尽力，就是竭尽才力和能力。

职业经理人作为企业的知本投入者，在经营管理过程中，要毫无保留地贡献自己的所有才智。有所保留，就是对企业的不忠。当提议或方案未被接受时，不要埋怨老板，要先分析自己，我有没有在提案上用足我的才智？有没有在提交提案的方法和策略上用足我的才智？

（1）尽力，主要尽的是智力而不是体力

并不是频繁活动于企业内外就是尽力，冷静地思考，用智慧去解决企业生存和发展问题才是关键。如果一项改革能够悄然无声地进行，就没有必要搞得“轰轰烈烈”，最终闹得人心惶惶；如果可以分阶段进行，就没必要一步到位，搞得“政局动荡”；如果可以缓一步进行，就没有必要急于下手，以免乱了阵脚。

（2）尽力是尽到自己的能力

任何人都不是万能的，尽了力却没有实现既定目标，只能说明自己的能力尚且不足，有待进一步提高，但并不能说明自己就此成为失败者。没有必要用决策失误来搪塞，虽然承认能力不足比承认决策失误更难，但我

们还是要有勇气接受这样的事实，以方便有足够能力的人接替自己，为企业谋求出路。

（三）就职期内之二——摆正个人与老板的关系

尽责、尽心、尽力的关键是职业经理人要摆正个人与老板的关系、摆正自己的位置。人们常常用“我是打工的”来说明自己的身份。实际上，“打工”与“老板”是相对存在的，是谁也离不开谁的合作关系。

苗珍子在一家民营宾馆“打工”8 年，很多人都问她，你是怎么同老板相处的？她说：可以说，我们不仅相处得很好，感情融洽，企业发展，我个人也得到了提升。在此期间，宾馆成为了当地三星级饭店的排头兵，各项经济指标都不断刷新历史纪录。同时，我还加入了中国共产党，连续多年被评为市旅游局的优秀旅游管理干部、辽宁省首届十佳优秀职业经理人。根据这样一个成功的案例，我认为要做一名成功的职业经理人必须处理好与老板的关系。

1. 要会换位思考

谈到老板，人们都说，总经理和老板是永远坐不到一条凳子上去的。

从利益的角度上说，老板是投资者，他承担着诸多的风险，他对企业资产的关切度要比任何人都强烈。企业的好与坏不仅牵涉到他的投资是不是能如期收回来，甚至还会影响到他全家的生死存亡。而职业经理人不是投资者，是用别人搭建的平台来实现自身的价值，尽管也有职业风险，但是风险系数远低于老板。

在实际工作中，要学会换位思考，要常常这样想，当企业经营不善的时候，你能像老板一样着急吗？当企业破产的时候，你虽然失去了眼前的工作但会另谋职业，你能像老板那样倾家荡产吗？所以，我们应该学会换位思考，从中体会老板的心态、困难、风险，只有这样你才能做好自己的工作并尽职尽责。

2. 要会欣赏老板

现在很多人都在抱怨自己怀才不遇，感到老板的发财是靠机遇得来的。试想一下，在改革开放的初期，大家所面对的环境条件是一样的，为什么有的人成功了，有的人还在观望？现在，大多数人都能看到别人的收获，却看不到别人的播种。老板的长处就在于他们有执着的精神，敢于担当风险，能够用几百元钱起家，做好了置之死地而后生的一切准备。这些都是我们应该学习的。

当然，老板也是凡人，他的身上也有一些弱点和不足。正是由于这些因素，才出现了职业经理人的队伍。作为职业经理人，应该与老板形成优势上的互补，这样事业才能成功。

我们要学会欣赏老板，要从老板的身上找出自己所不具有的执着的精神、不畏艰险的精神、肯于牺牲的精神。

3. 要会自我展示

所谓饭店职业经理人，就是把饭店业当成终身投入的事业，依靠智慧与能力从事管理工作，并能为企业创造良好效益的人。

作为职业经理人，你必须热爱你所从事的行业，不仅要把“打工”作为一种谋生的手段，更要把它作为事业来做，这样你才能投入全部精力；不仅要有专业水平，还要有职业道德，最终才能为企业创造出最佳的效益。

老板聘请职业经理人的目的显而易见，就是期望你能把他投资的企业办好，能为他创造更多的效益，同时能把企业推上一个新台阶。如此，职业经理人就必须将自己的才华和能力充分展示出来，如果业绩平平就会失去存在的价值。

我是2004年3月来到盘锦大众花园宾馆任常务副总经理的（业主为总经理）。当时宾馆已经开业5年了。他们换了好几任总经理，可是老板都不是很满意，当时我的压力也很大。我十分清醒地知道，通过省市旅游局的推荐，和老板仅谈一两次话，我们之间是不可能真正融合到一起的。要想让别人了解你、信任你，必须通过自己的努力，用事实来证明你的能力。

比如，圣诞节，盘锦地区从未举办过圣诞狂欢活动。当时我想，越是没有人做过，才越有成功的可能。虽然承担着一定的风险，但我也要抓住这次检验自己的机会。结果，圣诞活动办得非常成功，不仅展示了宾馆的实力，也创造出了良好的经营效益，当然更主要的是让我将自己的能力展示了出来。

（摘自《职业经理人与老板共同发展》，力源老师的博客，作者：苗珍子）

4. 要懂无怨无悔

作为职业经理人，即使你的地位再高，取得的成绩再多，在老板面前你仍然是一个打工者。你是老板与员工之间的纽带与桥梁，既要为员工着想，又要考虑到老板的根本利益，因此要调整好自己的心态，摆正自己的位置。

你取得的成绩再多，那只能说明过去；你取得的成绩再大，说明老板给你搭建的舞台，使你有了得以展示的空间。作为一名职业经理人，绝不能把所取得的成绩都记在自己的功劳簿上。要知道，你个人的价值必须有企业这个平台才得以施展，因而要以诚恳的态度来工作，若是过于自命不凡，把自己当成了“救世主”，那你“必死无疑”。

你为企业创造价值，那是天经地义的，否则就没有你存在的价值；你的个人所得小于老板同样是天经地义的，否则老板就是在做赔本的买卖。影响到职业经理人与老板之间的关系很大一个层面就是利益关系问题。应该知道，企业和职业经理人是寻求共同发展的关系，也是生意关系，简单地说“企业吃肉，职业经理人喝汤”。你要想喝到“肥汤”，就必须给企业多生产“肥肉”。只有具备无怨无悔的心态，你才能工作得心情舒畅。

5. 要懂价值无限

人们都愿意谈论价值。企业要讲它存在的社会价值，职业经理人要讲实现自身价值，这两者并非矛盾。企业在社会中的价值提升得越高，职业经理人的价值也就越能得到体现。

> 盘锦的宾馆饭店均以本地客源为主，为了开发外埠市场，我们在沈阳、北京往返于盘锦之间的虎跃快客上，在《金商旅》杂志及《游客》杂志上做宣传，来拓展市场，使客房入住率从原来的40%上升到80%以上。
>
> 盘锦旅游季节性很强，我们抓住这一特点与省内外各旅行社联系，同100余家旅行社建立了合作关系。每到“黄金周”，宾馆客房的入住率达100%，甚至供不应求。
>
> 我们宾馆离市区较远，便利用所具有的多个大型宴会厅的优势，营造了盘锦唯一的“婚宴广场”。我们设计了一套既符合盘锦当地风俗，又能体现尊贵高雅的婚礼接待模式，受到了社会的认可。
>
> （摘自《职业经理人与老板共同发展》，力源老师的博客，作者：苗珍子）

实践证明，职业经理人处理好同老板的关系，摆正自己的位置，具有良好的心态，就会与企业、与老板得到共同的发展。

（四）离职时和离职后——忠诚于职业道德

职业经理人不可能永远服务一家企业，但无论因何种原因离职，都要坚守经理人的职业道德，这不仅表达了对原企业的忠诚，而且展示了你的职业涵养，可以为你在新企业中赢得好感与尊重。

对于职业经理人来说，忠诚已经成为其在经理人市场得以生存与发展的基本要素，任何一家企业在聘用职业经理时都不会放弃对经理人忠诚的评价。如果一家企业不在乎你对原企业是否忠诚，那么它并不是诚心想用你，肯定是看中了你手中掌握的资源，意在利用你。

如果经理人在离职时或离职后对原企业表现出不忠诚，就会使其在就职期间为实现企业忠诚而付出的努力付诸东流，很可能由此还要背上背叛者的骂名，这样的代价实在太大。因此，重视离职期间与离职后对企业的忠诚很重要（见下表）。

职业经理人在离职时和离职后做到忠诚的方法

方 法	说 明
坚持站好最后一岗	除非要求你立即离职，否则，就要把最后一岗站好，以确保企业不因你的离去而影响正常运作。如果主动提出离职，要给予企业合理的通知期限，确保企业做好相应的准备工作，顺利交接与过渡。 在没有正式离开之前，要像往常一样，严格要求自己，尽责尽心尽力地工作。记住，你离职的一刻会有许多双眼睛注视着你，你坚守岗位的好作风，也许并不会为人们称颂，但你对岗位不负责任的行为，却很有可能被人们笑话
不把责任推给他人	无论因何种原因离职，都不要把离职的责任推给他人。如果是企业要求你离职，即使是企业做法不妥，也要充分体现出大度与宽容，理解企业一定有其苦衷。如果自主离职，即使确实因个人之间的矛盾冲突引起，也不要提及个人恩怨，而要把观点理念不一致作为首要理由。 一定要记住，你今天的离职并不代表你永远地离开，说不定若干年后会重返企业，让你大展宏图；即使没有重返企业的机会，他们一句发自内心的好话也许并不一定会对你的未来发展有所帮助，但他们一句违心的坏话却很有可能毁了你的前程
不带走企业资源	一个经理人的价值不在于你掌握了多少企业资源，而在于你有多少挖掘、调配、利用和开发资源的才智和能力。通过带走可能给原企业造成伤害的资源来谋求职业发展，不仅会违背经理人的职业道德，而且是对自己的才智和能力缺乏信心的表现。 认真履行合约，恪守职业道德，你不仅是一个遵纪守法的好公民、有道德涵养的好职业人，而且是一个有自信、有能力的好职业经理人。记住，你带走的那些资源只能给你的就职带来暂时性的帮助，却不能给你的职业发展带来持久帮助，唯有道德涵养和职业能力才是你在职场生存和发展的根本

续 表

方 法	说 明
对企业忠诚	对企业的忠诚就像对爱情的忠贞，分手固然有分手的理由，但任何一个理由都不足以诋毁你们曾经的拥有。把对原企业的那份忠诚深藏在心中，不仅表明你对原企业的尊重，而且说明你对现企业会一样的尽忠。无论是企业有了新的对象，还是你有了新的追求，都不要指责与抱怨，也不要寻找借口和理由，为了它的繁荣和你的发展，忠诚，不能丢。把同样的忠诚投入到新企业中，你拥有的是一颗忠诚的心，而你的忠诚也一定会得到相应的回报

我离职的那一天

2008年的最后一天，河北卓正国际酒店的一切都在正常进行中，然而作为执行总经理的我却心潮澎湃，因为这是我在这里工作的最后一天。其实，也是我与集团企业董事长在两个月前就确定的最后一个工作日。虽然我有离职的要求，但我又对这里十分留恋。

2007年的国庆节期间，一辆本田雅阁冒雨从河北的保定来到了辽宁与我会面。经过交谈得知，卓正国际酒店是2007年5月19日开业的，到了9月这里已经换了两任来自于北京的总经理了。他们此行的目的就是邀请我出任他们集团董事长的特别高级顾问，兼任卓正国际酒店的执行总经理。

时间过得很快，一转眼就是一年多了，这期间酒店已经成为河北省唯一一家“中国AAAAA级绿色饭店”，晋升五星级旅游饭店的初审工作已经通过了评审，我怎能不心潮澎湃呢？

但是，从我的表情与工作上，员工并不知道今天要发生重大的人事变动。因为我还像往常一样巡视酒店的各个部位、各个岗位，我还特意到了厨房检查了婚宴的准备情况，还特意找到餐饮总监在酒店最大的宴会厅做了一个主题文化餐台的设计。餐饮总监都不知道当天中午是什么接待任务。因为这一切都是那样的自然、那样的平常。

中午，卓正集团的董事长率集团的高管、各企业的主要领导及酒店部门经理以上的管理人员步入宴会厅，当大家看到电视屏幕上写道“热烈欢送郭力源老师”时，大家才知道这是为我饯行。

……

就要起程了，酒店大堂员工们自发地站在那里为我送行，很多员工都流下了泪水。我向在场的所有人员恭恭敬敬地鞠躬致谢，感谢所有人对我工作的支持。

送行全部是按照VIP（贵宾）的迎送规格来执行的：八名礼仪人员站在酒店大门的两侧，安保人员身着正装佩戴白手套，从酒店的雨搭排到院子的大门口，车过的时候全体敬举手礼，致敬。

2009年1月6日，河北卓正集团召开2008年度工作总结会议大会，全集团中高层管理人员170多人参加，董事长对我给予了高度的评价，他把我的精神概括为八个字“勤奋、敬业、廉洁、自律”，还号召集团的全体管理人员要向我学习。

一位已经离开的老总，董事长能给予我这么高的评价，当得到这一消息我流泪了，我感觉一切的付出都值了。

写给职业经理人

作为一名职业经理人，要对所从事的事业忠诚；要对所属的团队忠诚；要对自己的老板忠诚；要对服务的企业忠诚；要对自己的家庭忠诚；要对自己的国家忠诚。懂得如何实现忠诚，甚至比理解经理人忠诚的含义更具现实意义，因为这直接关系到经理人的职业成功。

将责任进行到底

当老板把企业托付给你时，职业经理人一定要勇敢地去承担，拿出你的责任心和使命感来。做一份事业，一定要有责任感，没有责任感，没有担当，就不配做职业经理人。

人们常说：危机等于是危险与机遇并存。懦弱者遇到危机可以退避三舍，不敢担当责任，明哲保身但求无过；勇敢者能够不畏困难，迎难而上，不怕担当责任，并力求取胜。

2003年春，一个乍听起来让人望而生畏的词汇——“非典”，以前所未有的高频率回荡在人们的耳畔，不合时宜的口罩大量出现在各种场所，空气里飘荡着消毒水的气味，“一场没有硝烟的战争”开始了。

由于“非典”的原因，沈阳几十家饭店都停业了，员工下岗了，然而，沈阳世星国际饭店前仍然是车水马龙。住宿正常接待，北京客人正常接待、婚宴会议也正常接待。这里没有裁掉一个员工、没有停止一天经营，甚至是连客房价格都没有降一分钱，反而还借其他饭店停业、裁员的机会，对外公开招聘。

为什么饭店敢冒这样大的风险甚至是政治风险？我认为，抗击“非典”，但不是停业就是抗击、停业就是安全。如果裁员，必定要伤害一批员工，“非典”过后这些员工还会回来吗？北京的客人不一定就是“非典”潜在的患者，你拒绝接待他们，“非典”过后这些客人还会来吗？抗击“非典”要以预防为主。

我们不仅到医院请教专家，制定防治“非典”的措施和办法；还建立了总经理值班制度，班子成员昼夜值班，应对突发事件的发生。

不仅制定了把好“五关”的做法，即把好客人入住关、把好货品采购关、把好食品入口关、把好环境清洁关、把好员工流动关。对因“非典”被阻不能返回家乡的客人，我们还进行专门走访，安慰他们相信政府，增强信心。每周六，我们都会向所有房间的客人送水果，体现了在“非典”期间饭店对客人的体贴和关爱，体现了亲情化服务，以此树立了饭店在抗“非典”斗争中的公众形象。在我们的努力下，饭店营业收入与同期相比仅下降了不到15%。

省、市旅游局的领导多次来饭店调研、检查工作，对我们在“非典”斗争中的工作给予充分肯定。《中国旅游报》《沈阳晚报》《沈阳商业信息》《铁西新区报》等多家新闻媒体刊登了饭店的先进经验，辽宁电视台还进行了专访。为此，我还被评为全国商业服务业系统抗击“非典”先进个人，到北京人民大会堂参加表彰大会。

当老板把企业托付给你时，职业经理人一定要勇敢地去承担，拿出你的责任心和使命感来。老板把企业的钱都归你调动，笔一下去，钱就出去了，你说你有没有责任？这份责任不言而喻，有责任，才有使命感，才会想着推动企业发展。

职业经理人责任心不强的企业通常会存在以下问题：工作主动性和积极性不高、责任心不强；大事做不来，小事不愿做；同事间沟通不畅、相互扯皮、做事不认真；员工忠诚度不高，频繁跳槽；企业制度很多，很少有人真正认真执行；工作完不成，喜欢找借口等。面对这些情况，如何增强管理者的责任心就成了企业发展过程中需要首先解决的问题。

什么是“责任”？责任是分内应做的事。做好分内的事，即为尽责任；没有做好分内的事，则要追究责任。责任无处不在，它存在于每一个岗位、每一个环节、每一道工序、每一个时刻。角色不同，责任也不同。负责任的职业经理人，一要做好分内应做的事，二要承担没有做好分内应做

的事的责任。

从某种意义上说，“责任就是机会”，或者说“责任等于机会”。事情越多，表明你越重要；困难越多，越能证明你的能力。责任越大机会越多，责任越小机会越少。因此，职业经理人应走出负责任的误区，在工作中杜绝这样的话语：“这不是我的事”“这不是我的错”“这不能怪我”“别人应该对我负责任”“我没有能力负责任”“我一个人负责任没有用”“我已经负了责任”……

很多企业的职业经理人，一般都有着较高的学历，能力也较强，唯独缺乏对企业的责任心，经常会利用工作及一些社会经验为自己谋取私利，这样必然会给企业造成巨大的损失。的确，作为一个团队负责人，需要有很高的素质，需要有一定的学历，需要有很强的能力，但最重要、最需要的还是“责任心”，责任心才是一个管理者之根本！

职业经理人是一个团体的灵魂人物，他的言行影响着全体员工。所以，职业经理人有没有责任心，不仅是个人行为，他的一次次不负责的决策，不仅会给团队带来损失，更将影响到全体员工的责任心。

如果职业经理人很有责任心，做事负责任，一切从企业部门利益出发，那么下属就不敢轻易做有损于集体利益的事，甚至会向领导学习，主动承担责任。反之，如果职业经理人缺乏责任心，做事不负责任，不考虑集团利益，下属也会将注意力集中在自己的小圈子！

这里的关键是职业经理人的心态，如果只认为是给别人打工，是给他人做事，就不可能有责任心。

沈阳西雅帝酒店管理公司总经理万静娟退休前是一家宾馆办公室分管质检和培训的主管级工作人员。在她还没有办完退休手续的时候，就被这家管理公司高薪聘去做部门经理，不久升任为总经理，这一干就是六七年。一个连部门经理都没有做过的她，一下子就坐上了总经理的位置，很多人疑惑、很多人不解，也有很多人埋怨国有企业太埋没人才。我站在挂满锦旗的宴会厅问过万静娟总经理：你没有做总经理的经历，更谈不到经验，那你是怎么做起来的。她的回答很简单，用心做事，权当给自己做事，就一定能够做好。道理就是这么简单。

增强职业经理人的责任心，关键在于提高负责任的能力，可从以下8个方面入手。

第一，要加强学习，不断实践，提高素质和处事应变能力。这是一个知识爆炸的时代，知识的飞速更新、学科与学科之间的关联越来越多，都告诉人们要不断地学习。

第二，要做大事，做正确的事，做重要的事，做应该做的事，为责任而做。

第三，要从自身做起，从小事做起，从本员工作做起，从身边的事做起，从不起眼的事做起。正如海尔集团首席执行官张瑞敏所说：把每一件简单的事做好就是不简单，把每一件平凡的事做好就是不平凡。

第四，要抓住重点责任。高层管理人员的重点责任是制定组织的总目标、总战略，掌握组织的大政方针并评价整个组织的绩效；中层管理人员的重点责任是贯彻执行高层管理人员所制定的重大决策，监督和协调基层管理人员的工作；基层管理人员的重点责任是给下属作业人员分派具体工作任务，直接指导和监督现场作业活动，保证各项任务的有效完成。

第五，要让大家一起负责任，培养下属负责任的态度和能力。培养下属负责任的态度和能力的最好办法就是有效的授权。如果上级总是揽权、事无巨细、不懂得大权独揽小权分散，下级就只能是传声筒，把责任交给上级。

第六，要对结果负责。对结果负责是把双刃剑，不仅是承担责任，还要享受成果，这样下级才有责任意识、风险意识和勇于担当的动力。

第七，要发挥自己的影响力。电视连续剧《亮剑》中，李云龙顾全大局、勇于担当、不惧个人得失。为了赢得一场战斗的胜利，他多次违反命令，受到了纪律处分，但他却赢得了战斗的胜利。正是这种精神影响了整个团的战士。

第八，要心存感激地工作。作为职业经理人要感激你的老板，给你提供了一个就业的机会、一个展示才华的平台；要感激你的下属，有了他们的支持才使你的工作目标得以实现。心存感激地工作，你才不会故步自封、夜郎自大，才能做到对上对下的尊重。

作为一名职业经理人要有责任意识与风险意识，要敢于担当。“非典”期间饭店停业虽然可以规避个人所承担的责任，但是企业的损失、员工的下岗、客人的流失将对企业有很大的影响。如果能够审时度势、措施得当，就是最大限度地减少损失。这种勇于担当责任和风险意识不是傻大胆，不是蛮干，而是科学判断、措施有力，这才能够稳操胜券。

职业经理人有没有责任心，不仅是个人行为，他的一次次不负责的决策，不仅直接给团队带来损失，更将影响到全体员工的责任心。人生是短暂的，不在于荣华富贵，而在于不枉此生。有的人之所以往事不堪回首，正是虚度年华。我们只有自强不息，到时才敢为往事干杯！

我们今天还欠缺什么

有的职业经理人总是埋怨别人对自己不公平，说是别人在贬低自己。

其实不然！别人对你的评价就相当于照相一样。有什么样的底版就能照出什么样的照片来（艺术照除外）。

别人对你的评价应该是源于你自己，别人只是给你一个总结而已。所以，**任何人都不要埋怨别人对你如何，而应该从自己身上找原因，为什么别人会这样评价你？你自己有没有做得不对的地方**。

（一）提高自己的道德水准

照片上的你不漂亮，不要怨恨照相机，更不要去修照相机，而是要先修正自己。反之也是如此。为什么大家对这个人评价很高，因为这个人做到了。所以，每个职业经理人都要注意自己的言行，学会做人做事。这就是我说的“照相机原理”。

中国有句古训：“以人为本，以德兴业。”国家的强盛要靠民族的素质，企业的兴旺要靠员工的素质，只有培养一支具有较高道德修养的员工队伍，企业才能发展与兴盛。特别是在信仰危机、秩序混乱的环境下，更有必要从提高人的道德水准抓起，这是建立和谐社会、规范我们的行为、提高民众综合素质的基础。

以下是我的一篇博文：

> 5 月 27 日下午，我应邀又一次登上了讲台，宣讲《德行与做人、做事》这一课题。应该说这一课程我已讲过了多年，讲到了大江南北，但是越讲越感到道德水准在下滑，违反道德的案例越来越多，越讲越感到树立道德观的危机感、紧迫感。
>
> 道德是涉及小到家庭大到国家的大事情。面对比比皆是的违法道德观念的行为，每一个中国人都应该深思，我们中华民族的传统美德如何传承？我们的企业如何生存与发展？我们的社会如何和谐与进步？我们的国家如何发展与强盛？

这几年我就一直在讲，一个没有道德修养的民族，是不可以兴邦的；一个没有道德修养的老板，是不可能使企业长盛不衰的；一个没有道德修养的员工队伍，是不可能为客人服务好的；一个没有道德修养的职业经理人，是不可能把企业办好的。因为道德是人的灵魂支柱，失去了它，就等于失去了生命。

前几年都说雷锋“出国”了，实际上“出国”的何止是雷锋？还有孔子、老子、孟子等，我们祖先的时代先驱者、我们的古圣先贤的思想都“出国”了。很多的国家，包括世界强国都在用我们祖先的思想治理着他们自己的国家。

比如，2500 多年前，中国出了一个闻名遐迩尽人皆知的伟大哲学家、思想家老子。老子的《道德经》问世以来，影响了中华文明 2500 多年，可以说是中华文化一颗最璀璨的明珠。内容广博、思想深邃、包罗万象、博大精深。美国前总统里根就说过：《道德经》是我入主白宫必看之书，是我的治国宝典。而《道德经》在中国几乎是被抛到了九霄云外，这多么发人深省啊。

站在讲台上，我感觉到了作为一名职业经理人的责任。从多次的热烈掌声，从在那擦拭眼角的泪花情景，我也感受到了大家对树立道德观的渴望。培训在员工中引起了极大的反响，很多人都感觉到，这是一堂净化心灵、启迪人生的生动的教育课。

培训结束后，饭店组织了征文活动。在 7 天的时间里，他们收到的征文占员工总数的 86%。应该说，在员工中有很多是老同志，有的文化水平并不高，但是他们也都积极参与。大家都感觉到这堂生动的培训会改变自己的人生、调整自己的心态、懂得做人的道理、明确人生的目标，要重新规划自己的职业生涯。在文章中充分体现了员工的朴实执着、懂理动情，在他们身上你会看到活力、淳朴、真诚。这也正是一个企业的未来与希望。

之后，这家饭店还举行了演讲比赛。登台讲演的几位员工就是这次征文比赛活动中的佼佼者。这里有参加工作几年的老员工，他们伴随着企业已经走过了一段路程，但是通过这次培训他们对如何处理好自己与企业的关系有了新的认识；这里有刚刚走上社会不久的年轻人，他们懂得了怎么迈好人生的第一步；这里也有孩子妈妈，通过这次培训她再次燃烧起心中爱的火焰，热爱生活、热爱人生、热爱家人、热爱企业，用爱去体恤别人也温暖自己；还有站在台上含泪用亲身经历忏悔对父母的不孝，表示一定要用行动报答父母的养育之恩。

我坐在台下听他们的讲演，很感动。这就告诉我们，道德是能打动人心的，道德的力量是能改变人的，道德教育是企业培训的必修课。我们不差技能、不差标准、不差技巧，差的是我们的思维观念、差的是我们的综合素质。

道德是一个国家、一个民族、一个城市、一个企业生存与发展的基础。特别是在市场经济不断完善的今天，道德更是我们在激烈的市场竞争中获得生存与发展的前提。一支没有道德修养的民族不可能立足于世界民族之林，一支没有道德修养的员工队伍不可能使企业得到可持续发展。

（二）职业经理人的短板

很多企业高管都习惯把自己标榜为“职业经理人”，也有很多职场人把职业经理人作为职业生涯的最高目标，但是，很多人并没有真正搞清楚经理人前面“职业”二字的深刻含义。真正的职业经理人，除了必须具备经理人所应该具备的职业能力（专业能力、管理能力、领导能力）外，更为重要的是经理人的职业修养。职业经理人要避免出现以下几方面的短板。

1. 缺乏激情

对于企业领导来说，非常渴望能够得到一个有激情的职业经理人，带领自己的团队不断前进。有激情的人，不仅能够树立自己良好的职业形象，也会影响自己的下属，影响企业整个团队。职业经理人在岗位上日子久了，很容易失去激情，对管理不做深刻的思考，还停留在自己过去的经验之中；不能结合企业实际与时俱进，管理方式方法毫无创新；过分强调按部就班，而忽略下属和团队的奉献精神等都是缺乏激情的表现。

激情是一个态度问题，反映了一个职业经理人的责任感和对企业的热爱程度。同时，激情也是实现目标和理想的必要条件。因此，一定要保持对工作的激情，不仅自己要做到，也要通过自己来影响下属做到。

2. 短期行为

职业经理人要有主人的意识，必须站在企业中长期发展的高度考虑问题、处理问题。否则，就会不自觉地出现短期行为。有些职业经理人只想尽快做出业绩，得到上级和下属的认可。想法是好的，但是要知道心急吃不了热豆腐，如果你做决策时不考虑企业的将来，只关注于眼前的利益，或者说做事情总动用大量成本而没有计算成本付出，对下属只在乎利用而不注重培训，这些都是不利于企业可持续发展的。

我在出任一个企业的总经理的时候，这个企业刚刚开业不到五个月。看第一眼，我就知道这里发生了什么。地毯保养不够、客人稀稀拉拉、员工无精打采、饭菜品质不高、经营入不敷出。老板告诉我：开业当初，前任总经理想把生意炒起来，尽快出业绩，当时我们也不懂，感觉还挺好。结果市场定位不准、客人层次不清、质量保证不了，客人与员工都怨声载道。这就是“掠夺性经营”，后患无穷。

3. 无法自律

俗话说得好：严于律己！自律是职业经理人的最基本素质，不能自律的人，是让人不放心的人，也是老板不敢充分授权的人。不能自律的表现有很多，比如：要求别人不能做的事自己却去做；要求员工不要说的话自己到处去说；要求员工执行的制度自己却不去执行。久而久之，你周围的下属和同事也就都知道了你的品性，威信自然大打折扣。

敬业精神和尽心尽力的工作态度是对每一个岗位员工的基本要求，作为职业经理人更应该率先做到这一点。没有良好的自律能力，不论有多么超群的能力，也不可能把工作做好。

在现实生活中有一种怪现象，就是制定制度的人往往就是破坏制度的人。这就是制度执行不力的根本原因。因此，作为管理者自律是十分重要的。你的下级一般不听你说什么而是看你做什么。上行下效就是这个道理。比如，开会的时候总有手机响个不停，企业即使下发了《会议管理制度》，情况依然没有改观，“涛声依旧”。为什么？因为有些高管带头不遵守规定，即使强调多次也没有作用。

新到一家企业不久，有一次，在会议正式开始之前，我就把手机放到了桌子上，我对参加会议的人说：“如果我的手机响了，我接受1000元的处罚。”如此，问题就解决了。其实，管理很简单，就看你怎么带头去做。凡是企业做不好的都要先自问一下，你做得如何？

4. 没有独到的见解

在大家的心目中，职业经理人往往和“高管、高薪，专业、专注，敬业、勤奋”等词汇联系在一起。企业之所以重视你，是因为你的岗位不同于一般的岗位，你的一言一行都会影响到整个团队。所以，职业经理人必须是个头脑清醒的人，既要对企业的战略走向负责，做到方向要明；也要对自己分管领域的做精做细负责，做到思路要清、业务要精。

这里的关键是要有个人的知识储备、文化积淀、善于思考、创新意识。现在跟风是一个普遍现象，充其量学会了模仿。做饭店没有独创的产品、独特的服务、唯我的文化，是做不好的。党的十八大闭幕后提出了“八项规定”，对饭店业的影响很大，结果很多饭店怨声载道、纷纷降价、到处都是农家菜，我认为这不是党中央的意愿，饭店业的出路也不在于此。我去江苏的溧阳天目湖宾馆考察，这里就开辟出了一片新的天地。

天目湖的砂锅鱼头“活”了

大江南北，砂锅鱼头的做法不胜枚举，然而，到江苏溧阳吃天目湖正宗砂锅鱼头方知这里的鱼头绝味、绝鲜、绝清、绝嫩、绝顶。正如天目湖宾馆的一句宣传词所说：“到溧阳不到天目湖等于没到溧阳，到天目湖不吃砂锅鱼头等于没到天目湖，吃砂锅鱼头不到天目湖宾馆等于没吃正宗砂锅鱼头。”

鱼在湖里是活的，可到了砂锅那一定是死的。但是，天目湖宾馆却把鱼头做“活”了，这就是本事。说它做“活”了，是因为他们给鱼头注入了文化。

首先，鱼头是自己研发的产品，创始人是中国烹饪大师金爵奖得主、天目湖牌砂锅鱼头烹饪大师朱顺才老先生。

其次，鱼头具有名人效应。著名社会教育家费孝通于2001年3月题词“溧阳天目湖砂锅鱼头　朱顺才手艺誉满全球”。

再次，品牌效应，这里的鱼头曾获得“江苏省著名商标”“中国名菜”“常州市名牌农产品”等诸多殊荣。每个砂锅鱼头端上桌时，都带有注册商标的封条。

最后，烹饪工艺与营养价值。鱼头采自于天目湖生长的花鲢鱼，以天目湖的水为汤基，用宜兴陶土烧制的砂锅，用文火煨制2小时以上。

就这样，营养丰富、美味绝伦的天目湖砂锅鱼头“跃然桌上”。不可否认，天目湖宾馆确实把鱼头做“活”了。

职业经理人必须在自己分管的专业领域，拥有独到的见解，对行业和专业认识要吃透看透，对企业发展要做深入分析，敢于在管理上进行创新，必须学会用专业能力来影响老板。

你适合自己的工作吗

几百年以来，人们都在唾骂秦桧，认为是他谗害忠良，以“莫须有”的罪名害死了岳飞，人们把他定位为中国历史上十大奸臣之一。可我却认为，该挨唾骂的人应该是皇上宋徽宗。是他的昏庸、偏信使秦桧成为了越来越奸诈的小人，并害死了岳飞。

当代人都骂领导、老板身边的小人，认为是小人在当道，使领导和老板偏听偏信，使好人、能人不得志。我却认为是领导、老板愿意听信小人的话，才使得小人得势，能人受排斥。因此，我认为，小人的“出生证”都是小人的上级的上级给发的，小人的文化也是老板营造的。

（一）我想做什么

人人都有理想，那是我们成功的原动力。对于自己都不知道要去哪里的船来说，任何方向的风都是逆风。明白自己想做什么是迈向成功的第一步。很多人把自己的理想在尝试之前就扼杀了，因为他们不够勇敢和自信。这种思维方式，就像不停注水的沙袋，越来越沉重，只能拖住你的脚步。因此，放下所有的疑虑，从现在开始认真地分析一下自己到底想做什么！

（1）通过自己所取得的成绩和参加的活动来初步确定自己的兴趣所在。

（2）了解就业指导中心等相似机构所能提供的关于职业的信息，认识不同的职业。

（3）和他人讨论你的职业兴趣，当然是那些能够给你建议的，尤其是已经在工作的人。

（二）我适合做什么

理想不同于梦想的地方：理想是建立在自己的实力的基础上，客观的长远的规划。当明白了自己想做什么后，接下来就要分析你到底适合做什么。企业在用人时，非常讲究“match”（匹配），例如宝洁的用人原则是：不一定是最优秀的，但一定是最适合宝洁的人。因此，我们也要将自己的兴趣同本身的能力学术背景相结合，综合评价一下自己，到底适合做什么！

（1）接受专业的个人定位测试，加深对自己的了解，明确自己想要加强的竞争力。

（2）通过各种渠道了解不同职位的用人标准和原则，了解不同职业、职位所要负责的事务，与自己的背景进行对比。

（3）通过询问已经工作的学长或自己的家人，请大家帮助分析一下，自己更适合做什么。

现在，有很多人都是眼高手低、低的不成高的不就，结果一事无成。我和很多人交流过，他们都说工作没有意思，这里的工作不好。我就问他们：“你们想做什么？”他们回答说：“我也不知道啊。”或者说：“我想做×××。”我接着问他们：“你们想做×××，可以啊，人应该有自己的理想和愿望，那你为实现自己的理想做好准备了吗？”他们就摇头了。

我们的目标是过河，但一定要具备有过河的条件，或者是找到了一座桥，或者是找到了一条船，或者是你已经会游泳了。总之，不要异想天开。

（三）我能做什么

这一点是起决定性作用的，不仅决定着自己的未来规划，也是用人单位最关心的，所以要着重考虑。明确了这一点，我们便能了解如何去应对用人单位的面试，如何将自己的实力能为企业带来的利益充分表达清楚，让我们在面试以及以后的工作中脱颖而出。

（1）了解每一点相关信息，可以参加专业的求职培训，向专业职业机构咨询。

（2）通过求职或工作的经历，认真分析自己能胜任的工作，挖掘出自己的潜力。

（四）了解工作

一份工作，包含三方面信息：行业，企业和职位。明确了这三点，才能确定一份工作的性质、职责、所需能力和技术的要求，才能明白这份工作是否适合你，你是否有兴趣。

1. 行业

不同行业都有其自身特点，从事咨询行业的人不同于从事 IT 行业的人。俗话说得好，隔行如隔山。缺乏对行业的了解肯定会成为求职路上最大的障碍。

2. 企业

不同行业的企业是不同，即使同一行业，企业也是各有各的特色。不仅仅是企业文化、形式风格不同，经营模式、运作方式也会有很大区别。只有对一个企业的情况十分了解，才能在应聘过程中表现出你的各大优势，赢得老板对你的青睐。

比如：宝洁和雀巢，同属于快速消费品业，但还是有很大差异。宝洁看重领导能力，因此有领导能力的可能容易得到聘用；雀巢比较看重沟通技巧和能力，因此，在面试时充分发挥个人的沟通能力是至关重要的。

3. 职位

在同一个企业内部，不同职位所要求的素质也是差异很大的。比如：

做技术类的可能会要求职员具有创新意识，做财务的可能更看重诚实谨慎，而从事销售的人员可能会要求开朗大方，善于与人交际。这是因为，不用职位所承担的职责是不同的。试想，如果你对你要应聘的职位都不了解，老板怎么会把这个职位给你呢？

（五）企业需要的人才要具备两种能力

1. 硬技能

硬技能，就是过硬的本事，是为从事某种专业或工作所特别具备的能力。很多企业在专业面试的时候，对专业知识本身的掌握和应用非常看重，有些甚至对是否有相关工作经验也有要求。因此，硬技能在应聘某些工作时起到了很重要的作用。

2. 软技能

有些企业对职业经理人的专业限制并不严格，比起专业知识本身，他们更看重职业经理人的学习能力、沟通能力、人际交往能力和团队协作能力，甚至个性、气质等其他因素。但一般说来，软技能绝非一蹴而就，是需要时间来积累的。因此，要注重培养。

卢武铉自杀与饭店业职业经理人的“落马”

看到这样一个题目，读者一定会感到这是两个不相干的话题。首先，卢武铉与饭店业的职业经理人不在同一个国度，一个是韩国，一个是中国；其次，又不是一个阶层，一个是韩国的总统，一个是打工群体；最后，一个是自杀身亡，一个不过是“落马”。这个话题好似有些牵强，其实道理都一样！

（1）了解一下卢武铉

卢武铉生于1946年8月6日，韩国庆尚南道金海市进永邑人。夫人权良淑，育有一子一女。出身贫寒，只读到高中，但他考取了律师执照，在2002年12月19日的选举中击败韩国国家党的李会昌，并于2003年2月25日就任韩国第16任总统。2008年2月25日，正式卸任韩国总统。座右铭："严于律己，宽以待人。"

（2）卢武铉自杀的原因

2008年12月，韩国制鞋企业泰光实业企业老板朴渊次因涉嫌逃税和行贿被捕，随后拖带出多名韩国高官受贿案，卢武铉便是其中之一。

12月4日，卢武铉的哥哥卢建平，因涉嫌为他人"吃请办事"收受贿赂而遭到刑事拘禁。随后，与卢武铉关系密切的人一个又一个地掉进这个腐败案的深井里。

随后，卢武铉时期的总务秘书郑相文被逮捕，卢武铉的妻、儿、女、女婿、妻弟、侄女婿不是被检察机关多次传唤，就是被抓，就连卢武铉本人也在4月30日北上首尔，接受了长达近10小时的讯问。

5月7日，卢武铉通过自己的网站"人活着的世界"发表了道歉书，承认担任总统期间，家人从一名商人手中"收钱"。在向国民表达歉意的同时，他说愿与调查人员合作，向检察官提供证词。

卢武铉在道歉书中提到，他的家人还与另一笔巨款有牵连。这笔钱共有500万美元，朴渊次2008年2月通过银行账户将这笔钱转给卢武铉的侄女婿延哲浩，名义是"创业投资"。

2009年5月23日凌晨，正在接受受贿调查的韩国前总统卢武铉在其家附近爬山时坠落山崖死亡，韩国警方与青瓦台前秘书长都确认卢武铉为自杀。卢武铉留下的遗书称："我可以说是清清白白的。在遥远的未来，历史会给我一个公正的评价。"

（3）外界的分析

大多数分析都认为，正在进行的腐败调查是卢武铉选择自杀的最主要原因。

至于卢武铉是否涉嫌违法，韩国联合通讯社说，如果“收钱”发生在卢武铉总统任期内，卢武铉本人知道此事，且“收钱”行为与他的职务有因果关系，那他的行为就构成受贿。但如果卢武铉在卸任后才知道“收钱”一事，普遍认为不应追究他的法律责任。

卢武铉对“收钱”原因的解释为欠债。《朝鲜日报》说，卢武铉公开的债务中，最有名的是他经营矿泉水企业“长寿泉”时欠下的30亿韩元（226.2万美元）债务。

卢武铉2003年就任总统，2008年卸任。他任总统期间担任青瓦台秘书室长的文在寅说，卢武铉从政多年，可能欠下不少债。

有评论说，卢武铉个人的不幸却见证了韩国的民主进程。此次卢武铉亲属被曝涉嫌腐败的总金额不过600万美元，与此前韩国贪腐总统涉案的数额相比，这已经是一个很小的数目。

一个国家的总统，居然要欠很多的外债，这是我所难以想象的。

（4）韩国国民的反应

韩国前总统卢武铉刚卸任时，被认为是“失败的总统”。在卢武铉临终的十天里，媒体舆论对卢武铉的骂声一浪高过一浪。把他的五年总统任期和他的为人评价得一无是处。但他选择跳崖自杀后，韩国舆论对他的调门似乎转了一百八十度的弯，开始重新评价他。民众吊唁的热潮极端高涨，在韩国社会掀起了“卢武铉热潮”。

2009年5月29日上午，韩国前总统卢武铉的葬礼在首尔市中心的景福宫举行，整个葬礼隆重肃穆。包括当时现任总统李明博、前总统金大中、日本前首相福田康夫等多位政要在内的2500多人参加了遗体告别仪式。

前总理韩明淑还朗读了追悼词。追悼词中说“对于自己，他无比严厉，对于周围的苦痛，他却又极其心软”，“世上竟会有如此的事情。这世界连他作为‘普通人卢武铉’生存下去的最后机会都要夺走”，“我们接到您‘现在大家应该放弃我’的留言，却未能保护您，我们痛感自己的无能。对不起，我们未能保护您。”当读到“总统，您没有失败”时，她更是无法克制激动的情绪即兴说道：“总统，您看不见吗？那络绎不绝的吊唁人群，那要给您放飞的无数黄色气球……即使如您所说是失败，也请您不要再担忧……我们将跟随您的足迹，心怀您的梦想，实现大韩民国的梦想。”

最后，韩明淑说：“总统走了以后我们才发现，您在任的那五年我们是多么的幸福……真的对不起您。我们爱您。我们确实幸福过。祝您一路走好。”

卢武铉死后，他的国民才真正意识到失去了多么优秀多么重要的人。市民评论说：

“卢武铉去世后，我有一种感觉，好像失去了一个好朋友。卢武铉就像是住在隔壁的邻居，他的形象更让我怀念他。”

“他当总统时，我对他的政策、发言都感到不满。但接到他自杀的消息后，我就开始觉得对不起他。”

一名专家说：“卢武铉在位时，许多民众批评他说话没有权威，认为不是当总统的料。但他去世后，当时批评他的民众对他感到愧疚，卢武铉自杀事件产生了让民众向他道歉的心理。”

据了解，卢武铉葬礼已结束，但设在家乡和首尔灵堂排队等待凭吊的人群一直没有减少，到灵堂悼念人数已超过500万人次，创韩国历史之最。

写到此，我不禁要问，同一个人，为什么一会儿是骂声四起，怨声载道，一会儿又悲歌惋惜，愧疚深深？是什么使一个被认为是“多么优秀多么重要的人”跳悬崖自杀？这就是一个国家的文化、社会的文化。

我也不禁想到，饭店业职业经理人为什么纷纷“落马”？有没有人格的问题？工作环境的问题？企业文化的问题？

在中国，饭店业以私营、民营占据绝大多数。由于这些企业的一部分业主受教育程度有限，综合素质不是很高，决定了他们的思维、理念有一定的滞后，管理手段、管理方式等也就成了企业发展的障碍。

有的业主在企业培植自己的所谓亲信，他们认为这是自己可靠的人。还有一些人攀高求荣，把自己扮演成老板的人，对职业经理人说三道四，以打小报告为生。有的人把这些人称为“牙签族”，就是专门在老板面前说别人坏话的人。无论谁来工作，他总是在背地里挑剔指责、无中生有、搬弄是非。我曾经听说过一家企业，开业不到两年就先后换了九任总经理。这样的企业怎么能在稳定中求发展？

俗话说：金无足赤，人无完人。这个世界上有十全十美的人吗？人的一生都是在不断的犯错误、改正错误中完善自己的。要工作就会出些毛病，要看出的是哪一类的毛病？是不是犯得同样的错误？能不能得到改正？

管理人员在任的时候别人说三道四，你应该看看是哪一类的问题，是谁提出的问题，是不是有利益冲突，有没有玩忽职守的现象？

我认识一位朋友，他在一家饭店工作。饭店虽说是开业时间不久，但是他已经是第五任总经理了。他上任后，在短短的时间里查出了饭店管理上的很多漏洞，对此他采取了积极的措施，如制定管理规则、降低成本，很快饭店就发生了明显的变化。

可是业绩越是突出，他背后的暗箭就越多，因为触犯了很多人的既得利益。在这家饭店中，把控钱、财、物岗位的都是老板的亲属。结果，尽管这位总经理的业绩很突出，最后也不得不“落马”。

这位总经理走了，很多的员工都恋恋不舍，但也只能是无奈。事后不过半年的时间，不只是员工，就是老板都感觉到换了这么多总经理还是这个总经理最好，可是，为时已晚。

从国家到企业，道理都是一样的，应该逐步营造一种良好的工作环境，建造一个好人得势坏人不能得逞的工作氛围。韩国，卢武铉自杀了人们都认为惋惜、愧疚，可毕竟，人死不能复生。这家企业，总经理已经走了，谁都说这位总经理好，可谁都不愿意吃回头草，受损失的也只能是企业。

这样的悲剧还是不要再重演！

写给职业经理人

美国前总统林肯曾有一句名言："你可以欺骗所有人于一时，也可以欺骗部分人于一世，但不能欺骗所有人于一世。"这句话振聋发聩。在这个人才大流动和信息高度发达的社会里，傻老板似乎暂时会失去一些东西，却可以赢得现在和未来；而精明的老板们似乎占到了一时的便宜，但却以牺牲未来作为代价。傻，是一种成功的真正智慧。

第二章／找准管理者的自我定位

我常常告诉我身边的人，要做好八个字：『大小、进退、取舍、远近』。

大小，要做到长幼有尊，不可以没大没小，对长者、上级要学会尊重，对幼者、下级要谦逊；

进退，该做的事情要能冲得上去，能补台、能救场，不该做的事情要退下来，不要抢上、抢位、抢功、抢镜头；

取舍，该拿的一定要拿，该舍的一定要舍，有舍才能有得，做生意也是这样，要先考虑让别人挣钱，你才能挣着钱；

远近，要知道谁是你的贵人，谁是你的小人，对贵人要亲近、要报恩，对小人要提防、要装傻，不要引火烧身。

不要把自己混同于普通员工

“火车跑得快，全靠车头带！”职业经理人不同于普通员工，要甘做火车头！

有个饭店的湖蟹很有名，但捆湖蟹太麻烦，几乎所有的厨房员工都不喜欢这道工序。现在这个饭店需要招聘一位厨师长，两位应聘者同时来应聘，两人将各自上岗试工 3 天。

第一位应聘者经常要与其他厨师来一场“绑湖蟹比赛”，比赛的时候，他 5 分钟绑 20 只湖蟹，其他厨师最多绑 12 只！让老板高兴的是，他懂得用比赛来提高大家的做事效率！之前他们 5 分钟最多只能绑 10 只。

第二位应聘者也是每天一开始绑湖蟹，他就号召大家来比赛。这位厨师的手脚并不快，他一边大声喊着一定要追上其他厨师，还拼命加快速度追，其他的员工自然也就拼命地不让他追上，直到试工结束，他绑湖蟹的效率依旧落在那些厨师的后面，几乎成为大家的笑料。

可是，令员工没有想到的是——在老板办公室里，第二位厨师已经当着老板的面绑过一次湖蟹，他的效率是每 5 分钟可以绑 25 只湖蟹。第二位厨师说：“我一个人少绑 10 只湖蟹，但是其余 10 个人每个人多绑了6只，也就是说，我一个人少了10只，其余的人却由此而增加了60只。60只减去10只，那么总效率就相当于每5分钟提高了50只！”老板做出决定录用了第二位厨师。

管理者与被管理者的重要区别在于管人，管理者需要管别人，通过团队工作实现目标；而不是管理自己，主要通过自己的工作实现目标。在实际工作中，一定要分工明确，因为分工明确就等于责任明确。每一个人都要干自己应该干的事情，维护有效的工作秩序。

在电视剧《亮剑》中，有这样一个情节：

在李家坡战斗中，李云龙在与政委赵刚讨论作战方案时，竟然决定亲自带领突击队打前锋，等到前锋打光了（全部牺牲）再让赵刚补上。赵刚说：“你（指李云龙）这叫擅离职守，团长就应该在指挥的位置上，而不是带突击队冲锋，我要是给旅长打电话……”

在团队管理中，这叫岗位职责不明确，团队也一样，不同的分工有不同的职责。企业总裁、总经理应该做最重要的事，比如思考：团队的战略方向，哪里做得好？哪里还可以做得更好？在团队中，如果总裁、总经理都去做员工的事情就是自我贬值，也是对企业成本的一种浪费！

（一）做好自我定位

1. 选择正确的人

《三国演义》里刘备为了诸葛亮而三顾茅庐，找到诸葛亮才有了后来的蜀国，如果没有诸葛亮相助，蜀国的命运可能完全不同。这道理古人早已明白！

现代企业很多都重视销售，但真正重视招聘和选人的并不很多，因此就形成了“选错人—效率低下—竞争力不强—增加投入—效率低下—达不成目标……”的恶性循环。当新员工入职后表现不尽如人意时，埋怨是解决不了问题的，要想一想，自己的招聘方法或选人标准是否合适？是否需要调整？

2. 用人之长

人的精力是有限的，与其花很多精力去把弱项改造成强项，不如把精力放在发挥强项上；也就是说，“扬长避短”会有更高的投入产出比。牺牲效率追求完美不是职业经理人所为，职业经理人应追求整体效益最大化，要充分利用和发挥员工的优点，根据员工的兴趣和特长来安排任职和分工。用人之长，把人放在合适的位置上，才会更有效率。

3. 善用激励

开头例子里的第二个厨师，正是利用了员工们想赢的心理激励大家提高效率。

激励也要讲时效，比如：

在《杜拉拉升职记》里的DB企业实行宽带薪酬后，与杜拉拉同一部门的薪酬、培训、招聘等经理都定为6级，而杜拉拉作为行政经理人事被定为4级，比与本部门的其他经理低2级，杜拉拉感觉很委屈，想离开DB。

后来中国区总裁和美国总部领导都表扬杜拉拉，杜拉拉的上司开始重视她，在杜拉拉提出辞职时给她许诺优厚的条件，但此时时机已过，人心已凉，迟到的激励已经失效。如果一开始就给杜拉拉定为5级，也许她根本就不会想到辞职。

4. 定制度、定规则

管理的最高境界就是要让组织避免对某个个体的过度依赖，靠制度运行，而不是离了谁就不行了，这也是管理者最重要的作用之一。比如：

万科的王石在辞去总经理职务时很多人为他惋惜，而他自己认为：他不做总经理，企业依然能运行良好，那就是他的成功。

这就是境界不同！有句话说：坏的制度可以让好人变坏，好的制度可以让坏人变好。可见制度对员工行为的影响是根本性的、深层次的。按照2/8法则（80/20法则），定制度和规则应该属于20的范围，管理者应该把定制度和规则当头等大事对待，不要把定制度、规则当成写普通文章，随便找个文员、秘书来写。制度和规则定好了，后面的工作才可以事半功倍；制度和规则定得不好，后面的工作可能徒劳无功。

定制度要简洁明了，便于执行和考核。2012年12月4日，习近平总书记主持召开中共中央政治局会议，审议通过了中央政治局关于改进工作作风、密切联系群众的八项规定。这八项规定管了全党8600万名党员，特别是管理了高级领导干部。制度不在于多和少，而在于执行。

5. 敢于承担责任

职业经理人应有清晰明确的立场和态度，遇事当断则断；含含糊糊让下属搞不明白上级的观点，让别人去猜上级的意思，这不是卓越领导者的行为，不仅会损害整个组织运行的效率，还会降低别人对自己的评价。比如：

在《杜拉拉升职记》里的DB企业，何好德前期表现敢作敢当，在他的领导下中国区业绩稳步增长。后期，遇到事情之后却不肯做决定，有了困难他就授权，需要做决定他就思考，凡事都只有罗杰和柯比得同意后才肯签字，影响了企业的整体运作，导致业绩下滑，总监们对何好德都颇有意见。

6. 培养、引导下属成长

在许多管理比较好的大企业里，培养下属是考核管理人员的因素之一。只有不断培养出更强的下属，才能让企业更强。职业经理人要摒弃害怕下属超越自己的念头，不仅要教会他们怎么做，更要教会他们怎么思考。

我不反对一个人的作用，但我更欣赏一个企业的建设。有很多的职业经理人说，我一走这个企业就一定会垮掉。其实，这正是你的失败。因为你既没有给企业定出制度和规则，也没有培养出能够传承你的思想的人。

（二）争取“与众不同”

1. 思想——积极创新

职业经理人要具备高于常人的思想和思维方式。思想要上位，就要时刻警醒、时刻保持正确的意识方向；思维要创新，不应满足现状、抱残守缺，不能原地踏步、故步自封，要拓展思维、与时俱进，用先进的思想指引行为。

2. 言语——待人亲和

无论是部署工作，还是日常交流，言语都要友善，态度都要谦和，要让员工、让每个与之交流的人感觉到你内心的真诚与善意，不要自高自大、趾高气扬、盛气凌人、以权压人。

3. 行为——身先士卒

职业经理人既是指挥员又是践行者，在员工眼里，管理者就是一面旗、一个风向标，引领着团队的方向。职业经理人在制度面前要带头落实，且要严格；利益面前则不抢占，吃苦在前、享受在后；更要做到人前人后表里如一，用实际行动做表率。

4. 修养——海纳百川

职业经理人应该有着与他人不一样的修养，要有宽广的胸怀，要听得进逆耳之言，容得下牢骚埋怨，容得下嫉妒不报复，容得下误会不争执；同时，要有健康的心理，用良好的心态、善意的微笑容人容事。

5. 作风——一身正气

职业经理人要有良好的品德、良好的作风。工作作风扎实，从现实出发，脚踏实地，坚持不懈；生活作风朴素，一身正气，两袖清风，行得端、走得正，以正压邪。

6. 处事——果敢坚毅

职业经理人处事要大度，甘于奉献，律己宽人，不计较；要心态平和，凡事不急不躁、不慌不乱、冷静自若、果敢坚毅。

7. 意志——不言放弃

职业经理人是团队的核心，是员工的主心骨。意志在顺境中往往不明显，因为顺风顺水无可厚非，而在逆境中，一旦失去了意志的支撑，企业就失去了灵魂，是相当可怕的！职业经理人要有坚强的意志、冷静的头脑，不抛弃不放弃，要乘风破浪、逆势而上、攻坚克难。

一个很早就被提拔、曾到国外学习，又有文凭，具有很多优势的副总经理，当总经理退休的时候，人们都以为这位副总经理一定会晋升为总经理。可是令所有人都意料不到的是，企业却将一个在班子中排在最后的一位副总经理提升为了总经理。大家都非常不理解，这位副总经理的心情可想而知。

开始，这位副总经理很消沉，闹情绪，很多人也都看在眼里。有很多的人为他打抱不平，认为不公平。消沉了一段时间之后，这位副总经理冷静了。他想，如果我这样闹情绪，当初主张不提升我的人就会说，不提升他是对的，起码是境界不高、素质低。不公正就变成了公正。既然已经是这样了，莫不如把心态调整一下，把晋升的事情放下。

从那之后，这位副总经理精神又振奋起来，工作上更加努力，也取得了很好的业绩。过了不到一年的时间，他就被组织调到另外一个企业担任了总经理。

我曾问过这位副总经理当时是怎么想的？他告诉我说，当时我要是消沉下去，他们就会得出一个结论，认为不提拔我是对的。我只有好好干，才有资格给他们一个结论：不提拔我是你们的错。

8. 视角——高瞻远瞩

职业经理人是决策者，决定着团队的行进方向和长远发展，因此要有宽广的视角、敏锐的洞察力。“心要大”，要有超前意识、高瞻远瞩，不能满足现状、止步不前，决策部署不以一己之私，要从员工利益、企业全局出发；“胆要小”，要居安思危，从不利的角度、不足的地方周全考虑，善于在不断变化的环境中灵活应变。

9. 状态——积极乐观

职业经理人要时时刻刻保持一个最佳的精神状态，面对挫折不气馁，功成名就不忘形，得意之时不张扬，失意之时不沮丧。要用乐观向上的心态、激昂饱满的热情、积极主动的言行影响他人，从而带动团队良性发展。

一个低境界的人，讲不出高远的话；一个没有使命感的人，讲不出有责任的话；一个格局小的人，讲不出大气的话。职业经理人要具备高于常人的思想和思维方式。

是什么人，就让他做什么事

“人尽其才，物尽其用。”这是千百年来无数的仁人志士都在追求的理想社会模式。老子对此更是有其独到的见解，他在《道德经》的第二十七章提出了“常善救人，故无弃人；常善救物，故无弃物”的伟大论断。其实这也正说明了只要人尽其才，物尽其用，最充分地发挥人和物的潜在作用，就不会有被遗弃的人和物了。

伊尹是商朝的开国大臣，帮助商汤打败了暴君夏桀，为建立商朝立下了汗马功劳。

其实，伊尹原名叫阿衡，是有莘氏家的奴隶，虽然思谋精奇、才学宏深，却不为人知。有莘氏把女儿嫁给商汤时，阿衡作为陪嫁的奴隶到了商汤府中做厨子。

一次上菜时，商汤偶然问起他有关烹调的事。阿衡恭恭敬敬、不卑不亢地谈起烹调的技艺。商汤看到一个厨子居然把烹调之事讲得绘声绘色、有条有理，就没有打断他。

阿衡循序渐进，话锋一转，不知不觉就把话题引向治理国家的道理。商汤越听越奇，听到阿衡讲王道与霸道同炊火与爆炒的异同时，商汤肃然而起，喟然长叹：“治理国家的人才，我却让他烧菜做饭！”然后，便毅然决定把国家政事交给阿衡（伊尹）管理。

商汤死后，伊尹又辅佐帝外丙、帝仲壬、帝太甲。太甲是商汤的孙子，当了三年皇帝后，开始胡作非为，乱成汤德政，失民心于天下。伊尹就把太甲放逐到桐宫悔过，自己行摄王政，让成汤德政重布于天下。

三年后，太甲悔过自新，向天下承认自己的错，伊尹又把政权还给太甲。太甲死后，伊尹又立其子沃丁为帝。这样，伊尹成为成汤的五朝老臣。伊尹如托孤老臣，忠心耿耿佐成汤治理天下。

有这样的人才，国家何愁不富强，帝王何愁不成明君呢？伊尹的忠诚与商汤对他的赏识和重用是分不开的。“士为知己者死”，职业经理人若要赢得下属的忠心追随，就应当像商汤一样，有一双识人的“慧眼”。

金无足赤，人无完人！任何人都有长处，也有短处。管理学大师彼得·德鲁克认为，有效的管理者能使人发挥其长处。他知道，只抓住缺点和短处是干不成什么事的，为了实现目标，必须用人所长。充分发挥人的长处才是组织存在的唯一目的。职业经理人的用人决策，不在于如何克服人的短处，而在于如何发挥人的长处。

美国南北战争期间，林肯为了稳妥起见，一直任用那些他认为没有缺点的人担任北军的统帅。可事与愿违，他所选拔的这些统帅在拥有人力、物力优势的情况下，接连被南军将领打败。林肯很震惊，经过对比分析，他发现南军将领都有明显缺点，同时又有鲜明优点，总司令李将军善用其长，所以能连连取胜。

于是，林肯毅然任命格兰特将军为总司令。当时有人说，此人嗜酒贪杯，难当大任。林肯何尝不知道酗酒会误大事？但他更清楚在诸将领中，唯有格兰特将军是运筹帷幄决胜千里的帅才。后来的事实证明，对格兰特将军的受命正是南北战争的转折点。

在这个世界上，每个人的能力和每个地方的需要都是不同的。不同的工作需要有不同能力的人，而不同的工作环境也可以培养不同能力的人。作为一个职业经理人，把任务授权给最合适的人是最重要的。

让合适的人做合适的事，达到人事相宜，是领导者授权的一项重要原则。一个企业只有做到人尽其才，物尽其用，才能维持上下齐心、同舟共济、兴旺发达的局面。这里有一个故事正好说明了“无弃人”的好处。

公孙龙子在赵国的时候，对弟子们说：“一个人如果一无所长，我不会与他交往。”

一天，一个人穿着粗布衣服，扎着麻绳腰带，前来求见公孙龙子，要求成为他的弟子。

公孙龙子："你知不知道，我收弟子有一个要求?"

那人："有什么要求？愿闻其详。"

公孙龙子："我收弟子只有一个要求：必须有一技之长。请问，你有什么特长吗?"

那人："我擅长喊叫，声音可以传达几里之外。"

公孙龙子回头问他的弟子们："你们中间，有没有人擅长呼喊?"

弟子们："没有。"

公孙龙子对那人说："好！你可以成为我的弟子。"

那人走后，一个弟子问公孙龙子："先生为什么要收下他呢?"

公孙龙子："他擅长呼喊。"

弟子："呼喊也可以算是一种技能吗?"

公孙龙子："你们都不具有，只有他擅长，这难道不是技能吗?"

后来，公孙龙子到燕国去游说燕王，经过黄河的时候，渡船却停在对岸，公孙龙子叫那个擅长呼喊的弟子大声呼喊，渡船上的人听到后，把船从对岸划了过来。

一个弟子："好啊！呼喊果然是一大特长。"

公孙龙子："古人说过，天下没有绝对无用的人，也没有一无是处的物，这就叫作顺应天道。"

"人尽其才"是要每个人都可以充分发挥自己的所有才华与能力，"物尽其用"则是各种东西凡有可用之处，都要尽量利用。也就是要充分利用资源，一点不浪费。这是在任何社会形态下都需要的策略。

有一句富含哲理的话："垃圾是放错了地方的资源。"这句话更加说明了老子"无充物"的真理。垃圾，自然是不招人待见的，它也是造成环境污染的罪魁祸首。但这些垃圾一旦被分门别类的回收和再加工，其所能创造的价值是令人惊叹的。所以说，一切事物都有其双面性，它可能在一方面毫无用处，而在另一方面则大放异彩。关键在于我们如何找出事物的潜在价值。

作为一名管理者，首先要对下属的才能、兴趣等了然于胸，有了透彻的了解，才能针对某项特定的工作选择适合的人选，让合适的人做合适的事，这样才能“人得其位，位得其人”，达到人事相宜的效果。当然，善任不是管理者的随心所欲，而是要按规律办事，在最适合的时机把最适合的工作分配给最适合的人，才能“人尽其才，物尽其用”。

为了实现目标，必须用人所长。充分发挥人的长处才是组织存在的唯一目的。作为职业经理人，其用人决策不在于如何克服人的短处，而在于如何发挥人的长处。

对症的药才是好药

要建设优秀的团队，就要培养团队精神并带领下属共同进退，而不是一个人单枪匹马孤军深入。职业经理人要注意激励员工，根据每名员工的差异化特性帮助其突破个人发展瓶颈，促进团队整体实力增长。在面对团队中一些极具个性的员工时，要采取“对症下药”的方式，而非避之、弃之、任之。根据员工不同的特点，这里把员工分为以下几种类型：

（一）自恋型员工

有些员工工作能力突出、性格乖张，凭借自身优势很容易与他人发生矛盾。管理者在解决这类矛盾的时候，如果过于偏向能力较强的员工就会失去其他人员的信任和忠诚，如果过于斥责能力较强的员工又会造成与其之间的矛盾。该如何管理这类相对自恋的员工呢？

1. 区分对待不同的自恋

光环、出身、背景、天赋或家人的溺爱，都是可能造成自恋的原因。这种自恋状态，会让人产生心智不成熟的倾向。有些员工的骄傲，来自于努力付出争取到的结果，值得尊敬。两种境界的成功会让他们呈现出不同的态度，对于前者，要适当打压他们的骄傲：职场不看过去，只看现在和未来。你的经历在你入职那天，就被“清零”，要用实力证明自己；对于后者，要为其创造舞台，适时地鼓励或建议。

2. 有侧重地表达你的欣赏

世界上没有两片相同的树叶，何况是一个团队中的人。任何人都有喜欢或不喜欢的人，职场经理人不能贪恋这种权力，要包容和欣赏每一个员工。

如何使自恋型员工积极地融入团队，让他们既可以贡献智慧，又愿意倾听和接受“异见”？你希望员工成为什么样子，就去赞美和强化他那方面的特质，时常关注和评价这一点。自恋者最希望看到“欣赏自己”的人，也会刻意突出他人所关注的优势。

3. 利用他的“非我莫属”情结

自恋者对于反对与置疑之声会特别敏感和不悦，即使那是客观事实。过度保护他们敏感的心，会让自恋者误以为自己是对的，或者是问题不用我扛，只要上司懂我就成。职场经理人可以利用自己的职位影响力和强者姿态，偶尔让他碰碰软钉子，让他意识到你不能永远为他出头和解围。

尤其当自恋型员工与其他员工发生意见分歧时，要让他知道真理并非“非你莫属”——经理人要有立场，不能任由员工之间的分歧升级。必要时不妨把矛头指向自己，让自己去充当那个“恶人”。

4. 用制度构建“无障碍”沟通文化

许多团队都有这样的规章制度，团队内绝对不允许发生吵架事件，更别说打架了，凡发生此类事件必将予以重罚，甚至辞退。但表面上的一团和气，就是真的和谐吗？有共同目标和追求的团队，不会因为争吵而削弱战斗力，反而会越磨合越有战斗力。管理者要勇于“挑起战争”，让员工间畅所欲言地表达，激发每个人都从正面、积极的方向去表达。

（二）回避型员工

有些员工领导“越是赶着往前走反而越退缩”，由于缺乏自信和经验，在工作中表现得一般都异常羞涩，话不敢说，气不敢喘，唯唯诺诺没有主见。

对待这类员工，管理者要给予更多的鼓励与机会；同时，还要给他们提供足够的空间，因为这类员工笃定的性格会对工作高度负责，过于频繁的干涉反而影响士气。

（三）分裂型员工

这类员工一般性格比较冷漠，喜欢独来独往，在团队活动中其古怪的举止尤其显得扎眼，由此也会成为其他人私下谈论的话题。

管理者对待这类员工时，要和对方进行真诚的沟通，打开对方关闭的心门；要以适当的调整去激发员工的工作热情，不留痕迹地促进员工与团队及成员间的交流；要鼓励员工参与工作以外的团队活动，让员工在工作环境中感受别样的温暖。

（四）散漫型员工

有很多在专业方面非常突出的员工身上同时带有自由散漫、漠视规章制度的陋习。管理者要发挥自己的榜样带动作用，配合有效的制度约束，帮助这类员工改善自身的行为习惯，融入团队的步调中。

（五）偏执型员工

团队中时常会有人发出抱怨的声音，管理者如果以视而不见或责备的态度去回应，只会让抱怨转化为愤怒，最后到无法收拾的地步。面对员工的抱怨，管理者要给予足够的重视，不仅要大胆直面矛盾，还要与之进行认真地沟通，消除对方的抵触情绪，公正的判定责任，及时纠正，如此员工就会感受到尊重、信任、真诚与公正，抱怨也会自然消除。

（六）依赖型员工

由于不具备明确的价值观和人生观，有一部分员工在工作中表现出漫不经心、怎么样都无所谓，这种情绪会对团队产生消极影响。对于这类员工，管理者要让他们认识到为人处世的基本道理和原则，引导其树立职业发展目标，帮助其发挥才能获取成功，推动其在工作和生活上的自主独立意识的形成。

（七）攻击型员工

有些员工容易冲动，自我情绪控制能力较差，管理者要对他们多一些包容和大度，从了解员工的生活状态入手，做一个很好的倾诉对象，给予他们更多的理解和支持，让员工感受到时刻在他身旁的关怀与提醒，平复因其他原因而带来的情绪化。

（八）癔症型员工

人人都希望被表扬、被重视，有些人经常会妒忌受到领导表扬和重视的同事，认为自己并不比别人差，为什么领导就没有表扬自己？由此，产生巨大的心理失衡，变得消极怠工、特立独行。

对于此类员工，管理者要用如沐春风的管理方式，让员工感到可亲可敬。当然，适时地给予表扬更能让他们恢复内心的平衡，问题自然就不攻自破了。

职业经理人要注意激励员工，要根据员工的差异化特性帮助其突破个人发展瓶颈，促进团队整体实力增长。在面对团队中一些极具个性的员工时，要采取“对症下药”的方式，不要避之、弃之、任之。

好习惯建立， 坏习惯自然就消失

优秀的职业经理人一般都知道自己需要什么，并能尽全部的努力去达到自己的目标，他们懂得做人、善于决策、充满热忱、持续创新、架构关系、激励团队，能够赢得拥戴……最成功的职业经理人所共同具有的良好习惯和素质，使得这些人能够脱颖而出。

（一）学会做人

会做人，别人就会喜欢你，就愿意和你合作，如此才容易成事。怎么让别人喜欢自己呢？优秀的职业经理人都能真诚地欣赏他人的优点，对人诚实、正直、公正、和善和宽容，对其他人的生活、工作表示出深切的关心与兴趣。

一个企业新来了一个部门经理。老板觉得这个人非常能干，因为来企业不到一个月，企业内原来推不动的几件事都被搞定了。新来的经理感觉也很好，因为自己的才能在这里似乎可以得到充分发挥。但接下来的一个星期，几个部门内的业务骨干接二连三地找老板诉说对新经理的不满，甚至暗示说自己有可能因为无法和这个新经理合作而离开企业。

这是一个典型的例子：一些人非常有才华，能够把事情做得很好。但事情做得越好，越得不到大家的认可，或者虽然能得到上面的认可，却得不到同事和下属的认可。究其原因，不是他们做事出了问题，而是做事的方式出了问题。更准确地说，是他们做人出了问题。因此，要想得到他人的肯定，要先实现自己的目标，首先就要学会做人。

（二）善于决策

中国有句古话，“将之道，谋为首”。就是说，管理者的首要任务在于谋略，在于决策。决策贯穿于管理活动的全过程，是职业经理人管理活动的核心，是职业经理人领导者的意志体现。面对不断变化的市场，企业经营方案不止一个，决策就是要对各种方案进行分析、比较，然后选择一个最佳方案。职业经理人的价值在于“做正确的事情”，同时帮助各阶层的主管“把事情做正确”。

美国著名管理与决策大师赫伯·西蒙认为：“决策是管理的心脏。”也就是说，决策决定着组织发展的成败，关系到组织的生死存亡。既然决策这么重要，那么管理者尤其是职业经理人的决策能力就更为重要了。

（三）相信自己

成功的职业经理人都有很强的信心，他们既会在自己内心里相信自己，也会在公众面前表现出这种自信心。职业经理人要相信自己，要不断增强信心，坚信自己有能力把企业搞好；能够正确对待在管理企业过程中出现的一些暂时的困难和挫折，百折不挠，敢于应对各种困难和挑战……这样就能使自己永远立于不败之地。

（四）明确目标

什么是领导？什么是领导力？世界级企业管理大师班尼士下了个定义：“创造一个令下属追求的前景和目标，将它转化为大家的行为，并完成或达到所追求的前景和目标。”要想让员工为实现企业共同的愿景作贡献，就必须将目标深植于每个员工的心中，必须和每个员工信守的价值观相一致；否则，是不可能激发出这种热情的。

目标是一个企业凝聚力产生的源泉，也是产生效益、利润的基本点。对于管理者而言，明确的目标能使我们产生达成最终结果的积极性，能使我们看清楚自己所承担的使命，也有助于我们依据轻重缓急安排事情，同时也可以让我们有能力去把握现在。

（五）充满热忱

热忱是一种持续的心理状态，能够鼓舞和激励一个人对工作不断地采取行动。不仅如此，它还具有感染性，不仅会对其他热心人产生重大影响，还会对所有和它有过接触的人产生心理感应。

热忱是一种带有执着心理状态的持续不断的热情，它的内涵是对事业的渴望。要获得热忱，并让别人也获得热忱，管理者自己首先应该明白：什么对你是最重要的？也就是说，你最想要的是什么？你最不能缺少的是什么？你最不能没有的是什么？你最喜欢干的是什么？如此，才能产生热忱。

（六）顽强精神

在管理实践中，下属都希望自己的领导是一个不屈不挠的人。

克拉是一家报社的职员。他刚到报社当销售业务员时，对自己信心十足，他给经理提出不要薪水，只按广告费提取效益工资。经理答应了他的要求。于是，他列出一份名单，准备去拜访一些很特别的客户。

报社的人都知道，那些客户是不可能与报社合作的。在去拜访这些客户以前，克拉把自己关在屋里，站在镜子前，把名单上的客户名念了好多遍，然后对自己说："在本月之前，你们将向我购买广告版面！"

克拉怀着坚定的信心去拜访客户，第一天，他和20个"不可能的"客户中的三个谈成了交易；在第三天，他又成交了两笔交易；到第一个月的月底，20个客户中只有一个不买他的广告。

在第二个月里，克拉没有去拜访新的客户，每天早上，那位拒绝购买广告版面的老板的商店一开门，他就进去请这个商人做广告。但是每天早上，这位商人的回答总是同样的："不！"每次当这位商人说"不"时，克拉就装作没听见，然后第二天继续去拜访这位商人。

到了月末的最后一天，对克拉已经连续说了30个"不"的商人说："你已经浪费了一个月的时间来请求我购买你的广告版面，我现在想知道的是，你为什么要坚持这么做？"

克拉说："我并没有浪费时间，我是在上学，而你就是我的老师，我一直在训练自己在逆境中的坚强意志力。"那位商人点点头，接着说："我也向你承认，我也在上学，而你就是我的老师，你已经教会了我怎样在逆境中锻炼自己的意志力！这对我来说，比金钱更有价值。为了向你表示我对你的感激，我决定买下你的一个广告版面，当作付给你的学费。"

无论是管理者与被管理者，时时刻刻都在进行着意志力的较量，不是你影响他，就是他影响你。这种较量，在长期的发展过程中是变化不定的。如果意志力不足，对自己不够坚信，一旦败下阵来，企业发展中的许多问题都会涌现出来。意志不坚定不但遏制不了问题的蔓延，还会引发更多的问题。

（七）重视人才

企业最好的资产是人，充当伯乐，选一个适合的人，比选一个优秀的人来得重要。“萧何月下追韩信”、刘备“三顾茅庐”都是识人用人的经典例子。

> 秦末农民战争推翻秦王朝后，项羽违背原来“先入关中者王”的约定，自立为西楚霸王，而贬先入关中的刘邦为汉中王。刘邦很不甘心，一边暗中积蓄实力，一边让张良前往各处寻访堪任元帅的人才，伺机灭楚兴汉。
>
> 张良知道韩信是个人才，在项羽部下未得重用，便劝其弃楚归汉，并写了一封推荐信给他。韩信来到汉，觉得如果用推荐信自荐，担心被他人轻视，于是没有呈上去，先去招贤馆应试。主持招贤的夏侯婴看到韩信的确有才能，于是告诉了丞相萧何。萧何面试韩信，非常赏识他，竭力推荐给了刘邦。
>
> 刘邦以为韩信出身低微，又借口以张良的角书没有到达，打算不加重用。韩信知道这个消息后，假意逃走。萧何听到，立即前往追赶，晚上才追到。他们劝韩信返回，韩信看到了他们的意诚，于是出示了角书，三人一起回来，刘邦封韩信为大将。

（八）充分授权

人的精力是有限的，我们不可能做所有的事。所以，职业经理人必须学会把权力授予适当的人。授权是激励下属最好的良策，这会让下属因为你的授权和信任而全力以赴。授权的真正手段是要能够给人以责任、赋予权力，并要保证有一个良好的报告反馈系统。

美国管理学家艾德·布里斯说过："当你授权的时候，要把整个事情托给对方，同时交付他足够的权力让他作必要的决定。"不要因为怕下属犯错而不敢授权，害怕惹祸上身。当然，作为一名优秀的管理者不仅要善于授权，而且要在授权的过程中学会适当的监督和指导，不要让下属偏离方向，从而提高工作效率。

（九）终生学习

衡量企业成功的尺度是创新能力，而创新来源于不断的学习，不学习不读书就没有新思想，也就不会有新策略和正确的决策。孔子说："朝闻道，夕死可矣。"正是终生学习的最佳写照。

学习型的管理者，是一个善于自我提高的人。根据彼得·圣吉的学习型组织理论，这样的管理者总是能延续一种创造性的张力，不断提高自己的知识水平和能力水平。

学习型的管理者，是一个不断改变思维模式的人。当一个管理者总是能打破思维惯性的时候，他就离创新不远了。

学习型的管理者，是一个创造共同愿景的人。职业经理人带领员工为一个能实现大家价值的目标而努力，并且觉得活得有意义，这样的管理者就是一个能引领方向的人。

学习型的管理者，是一个能营造团队学习氛围的人。这样的职业经理人能把终身教育和全民教育理论引入企业中，让企业中的一个个团队都有学习的动力，都具备学习的能力。

学习型的管理者，是一个能带领组织变革的人。优秀的职业经理人能把新的符合人性需要的管理理念、教育理念带入企业，带到工作中，实现组织制度、文化的变革。

（十）持续创新

当今世界正面临着一个非常严峻的现实：如果你停步不前，你就会失去自己的立足之地。这一点对于任何职业经理人都是同样的道理。如果你满足于现状，你就丧失了创新能力。创新是人类发展的主要源泉，具有创新头脑的人是不怕变革的。

没有创新，死水一潭，无法前进。稍有前进，又要退回来。阿里巴巴的创始人马云顺应了市场要求，在思维创新上确实有“先知先觉”，他让人们足不出户就能买到自己满意的产品，创立了阿里巴巴和淘宝网站，从而实现了互联网的一场新的革命。

2004 年 4 月，我在盘锦国贸饭店举办了“芬兰美食节”。欧洲·中国酒店管理专家委员会主席从布鲁塞尔发来贺电，贺电中有这样一句话：“芬兰的饮食文化由于其地域和自然资源的原因，风格独特，在欧洲具有一定的影响。贵饭店举办芬兰美食节，不仅推动了中欧饮食文化的交融，同时也促进了辽宁与芬兰的友谊和互动；借此拓展双边的经济合作领域，并扩大辽宁在欧洲的影响力，这对未来辽宁的经济发展具有深远的意义！

据我所知，在中国举办芬兰美食节还是首例，在此，我代表芬兰及欧洲饭店业的同人们，向贵店以及您本人和所有为此次活动做出贡献的朋友们表示良好的祝愿。”

十年前，人们还说：一年不变，落后三年；三年不变，落后时代！其实时代发展到今天，一年不变都会落后时代。变就是创新，创新就必须不断学习。

（十一）有效沟通

领导者与被领导者之间的有效沟通，是管理艺术的精髓。作为一名职业经理人，工作的大部分内容都是在不断地与各方进行沟通。如何做好沟通，提高工作效率，减少误会甚至做无用功，需要遵循以下十个法则（见下表）。

有效沟通的十法则

法　则	说　明
澄清概念	职业经理人应有系统地把沟通内容予以充分考虑，先要澄清概念，做到“胸中有数”，避免沟通中语言系统的不对称，造成“鸡同鸭讲”
检查沟通的目的	只有沟通的目的明确了，才能对沟通的内容进行有效的规划，防止沟通主题发散或朝着其他方向转移，造成“喧宾夺主”
考虑沟通时的环境	沟通时的环境状况对于沟通的效果具有重要的影响，这些情况包括：沟通的背景、人物特点、社会环境以及过去的沟通情况等。只有把这些情况都搞清楚了，才能使沟通的信息和环境情况相吻合
多听取他人的意见	进行沟通时，最好多与他人商议，这样既可以获得他人的好意见，又可以获得他人的积极支持。即听大多数人的意见，和少数人商量，最后自己做决定
注意内容，注意语调	信息的接收者不仅受到信息内容的影响，而且他对信息的解读也受到表达方式的影响。语调的轻重缓急、抑扬顿挫都会对接收者产生一定的影响
尽可能传递有效信息	如果信息传递时无效信息过多，降低了接收者的注意力，则会使有效信息也受到影响，导致沟通的失败，这与沟通者的语言表达能力有很大关系
反馈与确认	信息发出后，必须同时设法取得反馈，以弄清楚信息的接收者是否已经理解了沟通的内容和意愿，执行并采取了适当的行动
着眼现在放眼未来	大多数的沟通，均求切合当前情况的需要，但是沟通也不应当忽视与长远的目标相配合
言行一致	如果职业经理人口头上说得是一回事，行动上是另外一个模样，那就是自己推翻了自己的指令，员工自然对其指令的贯彻大打折扣。只有以身作则，才会有良好的执行力
注意倾听	职业经理人在听取他人意见时，应当专心致志，这样不仅能确切了解对方的真实意图，而且能给对方一种友好的姿态，促进沟通

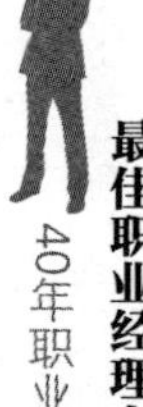

在有效的沟通方面，邓小平同志是一个很好的典范。

由中央文献研究室组织编写的《邓小平传（1904—1974）》，是官方首次为邓小平立传。该书称，促使毛泽东重新起用邓小平的一个重要因素是，邓小平在被打倒之后，始终没有消极应对，而是积极地频繁地用书信的方式保持着与毛泽东的联系。

> 1968年5月，邓小平写信给汪东兴，再次求见毛泽东。毛泽东看到这封信后说，在中央"文革"碰头会上议一下，征求大家的意见。江青、陈伯达、康生等都反对。
>
> 当年六七月间，邓小平又先后两次致信汪东兴，希望见汪东兴或是能够得到毛泽东的指示。他在信中说："我的最大的希望就是留在党内，做一个普通党员。我请求在可能的时候分配我一个小小的工作，参加一些力所能及的劳动，给我补过自新的机会。"
>
> 《邓小平传》中写道："邓小平深知，只要能保留党籍，继续留在党内，他的问题就不会无法解决。此外，他也想通过这种频繁写信的方式，维系同毛泽东的关系。"
>
> 1968年10月，八届十二中全会召开，会议的一项重要议题是批准"刘少奇专案组"对刘少奇的审查报告。由于刘少奇、邓小平一同被认为是"资产阶级司令部的黑司令"，这就意味着这次会议同时决定邓小平的前途命运。
>
> 出乎很多人意料的是，全会开幕式上，毛泽东就说："邓小平这个人，我替他说一句话，就是鉴于他在抗日战争跟解放战争期间都是打了敌人的，又没有查出他的别的历史问题来……他（邓小平）的意思要求保留党籍，最好还能够做点工作。一讲到做工作，许多同志都摇头。我倒觉得，现在大工作也难做，叫他做点室内的材料整理总是可以的。"

由此可见，邓小平之所以能够被起用，其中一个重要的原因就是频繁给毛泽东写信。会沟通，经常沟通，工作环境就会好，就会获得老板的理解和支持。沟通的重要性由此可见一斑！

（十二）勇于自制

具有高度的自制力是一种最难得的美德。热忱是促使你采取行动的重要原动力，而自制力则是指引你行动方向的平衡轮。在管理活动实践中，一个有能力管好别人的人不一定是一个好的领导者，只有那些有能力管好自己的人才能成功。

在饭店行业，有的饭店不顾市场和消费者的需求，过于追求高端产品、高贵价格、高额利润，结果“国八条”出台后纷纷难以维持经营，有的被迫转型、有的倒闭。其实，任何一个行业都要遵循市场规律、尊重科学经营。

（十三）注重家庭

比较完美的企业领导者常把家庭比作登山的后援营地。他们在筹备后援营地（家庭）上所花的时间，绝不能少于实际登山（干事业）的时间，因为他们的生存、登山的高度，常常与后援营地是否牢固和存粮是否充足有关。

这些领导者还懂得，全面的成功才算真正的成功，他们往往在干事业的同时，能够兼顾家庭，珍惜幸福的婚姻。

特别是从事饭店业管理的职业经理人，由于工作性质总是早出晚归，家里的很多事情顾不上，这就需要求得家庭成员的理解。可以请家庭成员到企业去体验生活，让他们知道你一天的工作。

（十四）经营健康

许多立志要成功但最后壮志难酬的企业领导人，往往是因为不能战胜一个最大的敌人，这个敌人就是自己不健康的身体。

美国管理界流行着一个观点：不会管理自己身体的人亦无资格管理他人，不会经营自己健康的人就不会经营自己的事业。养成好习惯不是一朝一夕的事情，也正是这些好习惯的坚持成就了一些出色的职场人。

这里有一个误区，很多人都以为开饭店的就应该会喝酒抽烟，患上一些疾病也是职业病，其实并不是这样。我就不抽烟、很少喝酒，虽没有刻意地去锻炼，但是我腿勤，很少坐电梯。同时我也主张我的同事“少坐电梯多走路、节能健康两不误”，这就既有利于个人的健康，又能在走路的过程中做工作的巡视，一举两得。至今曾在一起工作的管理人员还把当年我逼他们爬楼梯的事情作为一个笑谈。如今很多人出门就坐车、上楼就坐电梯，却要花上几千元去买健身房的健身卡。其实，锻炼是随时的。

没人能一辈子顺顺利利，不经历考验和磨炼。痛苦总是在你始料未及或最脆弱的时候侵袭你的生活。然而快乐与幸福也会在你痛苦悲伤的时候来到你身边。你可以选择逃避，只可惜，只要你还活着，磨难就一直存在。你不可能每一次都选择停下脚步，懦弱地停留在原地，只要有机会继续前进，等待你的就是胜利。

老板希望聘到这样的职业经理人

2009年10月我在一篇博文中写道：

一个月前，我见过一些向日葵。那时，它们的腰笔直笔直的，大脸盘儿被一圈金黄色的纱巾围着，满脸的绿色，脑袋瓜随着太阳的方向周而复次地转，那稚嫩诱人劲挺可爱的。人们只是在那里欣赏它，任何人都没有动它一下。

可是，一个月之后，向日葵往日的神采没有了踪影，笔直的腰也弯了，像一个大问号，金黄色的围巾也飘落到了地上，脑袋瓜也不能转动了，有的大脑袋瓜都埋到了那大片的叶子底下，像是害羞似的。这时，欣赏它的人不多了，很多人都来采摘成熟的果实。一粒瓜子放到嘴里嗑开，嫩嫩的果仁发出阵阵清香，还带有淡淡的甜味，好不优哉。

向日葵低头了，可那不是它的脆弱、衰老、沧桑，而是成熟、谦逊、奉献。

早在几年前，我和几个人侃大山，谈论人生、谈论人的品格。一位在消防局工作的朋友这样说，做人不该趾高气扬，应有傲骨但不可有傲气。成熟的谷子才低头呢。这句话我牢牢地记在心里。每次在培训管理人员的时候，我都会将成熟的谷子低着头的道理告诉大家。

在实际工作中，我经常会听到员工议论，谁谁架子大、谁谁喜欢摆谱。也常听说，谁谁一点架子都没有、谁谁可和气了。为什么员工会做出这样的评价？就是这个人的职位和架子不相符、架子和能力不相符。想一想，这种人为什么要拿架子？依我看，是能力欠佳，担心别人不买他的账，狐假虎威。

其实，大可不必！靠权势、靠架子是赢得不了人心的，也是不奏效的。如果真想让别人瞧得起你、买你的账，单靠架子、职位是没有用的。应在职位权威之外，具有知识的权威和个人魅力的权威，让身边的人敬畏你，说到底是靠你的德行、靠你的人品赢得人心。

如果有真本事，还怕别人不买你的账吗？自古以来，有很多人即使不在位了人们仍然敬重他，甚至是故去了人们仍然怀念他。而又有多少人，即使在位人们都敬而远之，下台之后更是人走茶凉。根据我的观察，凡是拿架子的人大多都是平庸之辈、无能之流。在现实社会中，为人谦和、做事低调、既有才华又有能力的人，才是修炼有成的人。

向日葵，貌美的时候只能供人们观赏；而失去了青春美貌时，人们却争相品尝瓜子的清香。向日葵虽说低下了头，但是却更高贵，那是它的成熟、它的谦逊，它所具有的价值。这是职业经理人应该谨记的一条人生哲理！

在老板的心目中，职业经理人应该是谦逊的，遇事应该是冷静的，做事应该是认真的、懂得关注小节的，工作中是善于协商的；他们关爱下属，对人宽容，严于律己，为人正直……这些也是出色的职业经理人应该具备的素质。

（一）处事冷静，但不优柔寡断

出色的职业经理人一般都具有处事冷静的特点，遇到事情的时候，他们会从多方面考虑，不易冲动行事。可是，他们虽然处事冷静，但并不优柔寡断，往往会在周密思考后果断作出决定或清晰地阐明自己的观点。具有这种特征的管理者往往都能使事情或问题得到比较妥当的处理，同时又有利于形成良好的人际关系。

（二）做事认真，但不追求“完美”

出色的职业经理人通常都知道，经商和科研不一样。科研追求的是严谨、精益求精；经商追求的是效益、投入产出比。他们做事非常认真仔细，但也懂得什么事情需要追求“完美”，什么事情“差不多就行”。具有这种特征的管理者一般都能把事情“做对”，能比一般人更容易创造出价值。在实际工作中，有些事情“宜粗不宜细”，有些事情“宜细不宜粗”。

（三）关注细节，但不拘泥于小节

优秀的职业经理人一般都善于关注事情的细节，善于留意观察身边的人和事，他们会抓住问题的要害，将问题“扼杀”在萌芽状态。可是，他们虽然善于关注细节，但不会过分拘泥于小节，不会在意别人的一点小过错或小过失。具有这种特征的管理者往往能大幅度减少“问题”的发生，日常管理工作也会井然有序。

开会，总是有个别人缺席。领导到场后一定不满意，不是批评就是发火，还会讲很多大道理。可是在场的人就心里挺烦，心里在嘀咕，我又没有缺席，你骂了半天给我们听，这不是让我们代人受过吗？说得对啊！开会不来是应该批评，可是缺勤的不在场，领导骂了一通，给谁听呢？给按时出勤的人听，这能起到什么作用呢？

最好的办法是针对开会制定一个制度，对缺席的人有一个处理的办法，领导不用又是讲道理又是批评又是发火，直接用制度管理。还有，不要让准时到会的人听批评，你批评半天缺勤的也不在场，批评有用吗？应该对到会的人给予一定的表扬，然后照常开会。

（四）协商安排，不发号施令

职业经理人不是发号施令的“监工”，一个能让下属主动“追随”的职业经理人，依赖的是自己的个人魅力和领导力，而不是手中的“权利”。出色的职业经理人绝少对下属发号施令，一般都会采用和下属商量的方式布置和安排工作。这样的职业经理人一般都能让下属真正“心甘情愿”地完成好被安排的任务，往往也能营造出和谐团结的团队氛围。

不知道你是否看过刚刚播映的电视连续剧《历史转折中的邓小平》。作为这样一位伟人，一位国家领导人，他在日常工作中与同志谈话研究问题，或是走基层与广大群众说话，他的口头禅总是：“你看好不好啊？”

"你说对不对啊?"这种遇事商量、征询对方意见的说话口吻，就是在征求大家的意见，就是要使大家都有话语权。这表明了邓小平同志的高风亮节和和蔼谦虚的工作作风，这种谈话的方式会赢得对方的尊重，也是值得我们大家学习的。

(五) 关爱下属，惜才爱才

出色的职业经理人一般都懂得尊重和关爱下属，他们往往视同事如"兄弟"，珍惜和爱护与自己朝夕相处、共同拼搏的"战友"。他们会让下属有一种"如家"的感觉，可以激励大家更积极、更主动、更无怨无悔地付出。

(六) 对人宽容，甘于忍让

优秀的职业经理人通常都胸怀宽广、对人宽容、甘于忍让，他们善于将心比心，善于考虑别人的难处和利益，善于"挖起荆棘并种下玫瑰"。具有这种特征的管理者一般都人际关系良好，往往能在需要时得到别人最真诚的支持和帮助。

(七) 严于律己，以行动服人

出色的职业经理人不会让自己独立于各种规章制度之外，他们会身体力行、作出表率，用自己的实际行动来影响和带动身边的人。具有这种特征的管理者一般都会"其身正，不令而行"。

(八) 为人正直，表里如一

优秀的职业经理人通常都为人正直、表里如一，他们对人一视同仁、处事公平公正，没有暗箱操作；也不会当面"抹蜜饯"，背后"捅刀子"。这样的管理者往往会给人带来强烈的"安全感"，并能得到别人充分的信任。

（九）谦虚谨慎，善于学习

出色的职业经理人不会把自己已有的知识和技能作为管理的资本，他们往往谦虚谨慎，乐于向自己的上司、同事和下属等学习。具有这种特征的管理者一般都具有比较强的能力，并且能够不断提高自己的能力。

（十）不满足现状，不脱离现实

优秀的职业经理人一般都不满足于当前的业绩，他们都有比较高远的目标和追求。可是，他们对于自己的将来非常清楚，绝不会脱离现实，而是一步一个脚印地为更高更远的目标奋斗。

老师自罚俯卧撑

2011 年 9 月的一天晚上，盘锦银龙大酒店会议室灯火通明，这里正在进行的是酒店主管以上管理人员的培训。但今天的培训不同于往常。因为，培训班的学员中有五名没有完成郭老师上次交代的任务，正在接受处罚。这里没有严厉的训斥，只是没有完成任务的学员要做 20 个俯卧撑。

当这五名学员做完了 20 个俯卧撑之后，郭老师说："同学们，这五名同学做完了俯卧撑，我相信他们一定明白什么叫执行力了吧？同时大家也要吸取教训。我是你们的'班长'，他们的工作没有做好，我也是有责任的，我也应该接受处罚。"说着，郭老师也和学员一样做俯卧撑。都快 60 岁的人了，当他做到 16 个的时候，我们学员去拉他起来，他坚决不肯，一直坚持做完。在场的学员们有的流出了泪水。从此以后，我们培训班的执行力就有了很大的提高。

（摘自学员段又鸣的总结）

对下属人员严格要求的同时，一定要以身作则，“打铁先要自身硬”就是这个道理。

有时在与做饭店的人聊天的时候，我问他们，在工作忙任务重的时候你是什么心情？有的人说，越忙越有激情；也有的人说，人一多就烦了。我说，这就是做工作和做事业的区别。

第三章／剥开皮毛直达管理的本质

北京日坛公园有数棵千年古树，但它们还是那样的挺拔茂盛。它们满身的树瘤是历尽风雨沧桑的见证。正因为这满身的伤痕累累，才有了它们今天的珍贵。

人生也该如此！

不是大包大揽，而是合理分派

一位美国百货零售巨头曾说："身为一个经理人都该明白，想逼死自己最快的方法就是大权一把抓。"美国著名社会学家怀特也说："世界上最困难的事情就是把一件你很拿手的工作交给别人，再眼睁睁地看着他把事情搞砸，而你却还能心平气和地不发一言。"这些言论中，都说明了授权的重要性，说明了给下属分派工作的必要性。

现实中，很多职业经理人都明白授权的重要性，但具体实施起来，很多时候的授权是无效的，授权并没有达到管理者相应的目的。作为一个管理者，要做到真正的授权，在授权之前摆正自己的心态，尤为重要。

（一）充分信任下属

信任决定授权的成败。职业经理人一旦选好下属，就应该果断授权，不要点点滴滴地授权，能一次授权就一次完成，要让下属感到有充分信任感。

授权之后不要干预，只要下属在职权范围内，就让下属说了算，管理者不能婆婆妈妈，不放心，总是半路上插一杠子，让下属左右为难，长此以往，下属就不可能再去积极主动地做事，因为下属总是担心事情还没做好你又来干预。

香港光大实业，总经理下设有许多“项目经理”，他们让这些人放手去干，在职权范围内自主处理问题。有一次，中国远洋企业为加收一笔3万美元的运输费，打电话找到北京光大实业的一位“项目经理”，这位年轻经理当即拍板同意。

远洋企业的人听了大吃一惊，一再问是不是要请示一下你们的总经理。结果对方回答说：“在我职权范围内的生意，我说了算!”结果，这件事很快办成了。假如企业在授权中不坚持信任原则，被授权者不敢这么干，恐怕这件事就很难办成了。或者即使办了，效率也不会这么高。

其实，不管从事什么行业，想要成功，管理者都必须创造出一种使员工能有效工作的环境。作为一名职业经理人，要正确地利用员工的力量，充分地相信他们，给予他们充分的创造性条件，让员工感觉到领导对他的信任。士为知己者死，一个员工一旦被委以重任，必定会产生责任感，为了让领导相信自己的才干和能力去努力达到目标。

信任你的员工，企业的业绩才会蒸蒸日上！这也是管理者的一种高情商智慧，即敢于信任你的部属，真正做到“疑人不用，用人不疑”。如果想让你的下属拼尽全力地去完成交代的任务，就要把你的猜疑之心收起来。

当然，“疑人不用，用人不疑”不等于放纵，而是要设计好流程，不留有犯错误的机会。这既是对当事者的爱护和保护，又体现了管理工作的周密性。这也就是我说的“插口理论”，后面会说到。

（二）把自己看成统帅

现实中，我们可能会遇到以下一些场景：

在某家销售额上亿元企业的大门口，企业负责人正在与收废纸的大妈讨价还价，目的仅仅是为了多卖几角报纸钱，同时，一大堆极为紧迫的报告正在等着他的批复。

在某个企业里，总经理跨过中高层管理者，正忙不迭地安排销售部、市场部、人力资源部以及生产车间的基层工人的工作，而另一边，一个重要的商务谈判正在等着他。

某个项目小组的负责人事无巨细地从早忙到晚，而他的下属有的在喝茶、看报、聊天，有的因为找不到信任、锻炼和发展的机会，而在思考如何撰写辞职报告。

这些场景意味着什么呢？它们都指向同一个问题——职业经理人的亲力亲为已经不再适用于企业进一步的长远发展，而成为了一种影响经营、管理绩效的企业惯性病。

亲力亲为的直接表现就是大事小事一把抓，管理者让自己如拧紧的发条一样始终处于忙碌之中，而下属却因一直难以接触到核心事务，而得不到更大的锻炼，在偷闲中虚度时光。

职业经理人也是决策者，主要的工作是制定策略、找方法，要选择合适的下属去做，就像军队的统帅坐镇指挥一样，而不是像士兵一样去冲锋陷阵。不能被琐碎的小事缠身，要腾出时间去考虑和处理重要的事情。

在现实生活中有一种现象，作为下级，他越是不干事或是你不给他事干他的怨气就越大。你给他一定的工作或是压上一定的担子，他会觉得这是你对他的信任，同时也会感觉在工作中能够体现他的自身价值。如果下级实在没有事可干，那这个人就要裁掉，不然他会惹是生非，会是负能量的传播者。

（三）不怕下属功高盖主

经常听一些朋友抱怨说：“不想干了，我们领导太专断了。”“我想换部门了，我们现在的部门领导自己无能，还招了一些无能的下属当主管，我根本没办法施展自己的才能，还处处受气。”……

领导压制下属、限制下属发展的现象是普遍存在的社会现象。有些职业经理人为了确保下属不会替代自己的位置，根本不招有能力的员工或经常给有能力的下属“穿小鞋”。其实，完全没有必要这样做！

在信息化时代，人们之间讲究的是平等和互相尊重，职业经理人必须调整自己过去那种独断专行、命令式的领导方式，改为更加柔和的领导方式，尊重下属、为下属发展提供环境和指导。如果你能为下属提供更多的指导，更愿意为下属的发展提供环境，拥有较高的人格魅力，那么就会有更多的下属愿意为你工作；相反，则可能导致下属消极怠工，工作积极性不高或下属的不断离职。

作为一个优秀的职业经理人，要充分发挥和发掘下属的才能来完成工作，而不是害怕下属与自己争名夺利，害怕下属权力做大、不听指挥，而不敢授权，这些都是无能的表现。作为管理者不但要有统领全局的能力，还要激励下属超越自己的胸怀，做到知人善用，而不是惧怕下属超越自己，替代自己，而不敢授权，限制使用。

（四）不担心下属犯错

美国管理学家艾德·布里斯说过，“当你授权的时候，要把整个事情托给对方，同时交付的是足够的权力让他作必要的决定”。作为职业经理人，不要因为怕下属犯错而不敢授权，害怕惹祸上身。授权是激励下属最好的良策，这会让下属因为你的授权和信任而全力以赴。

如今，给下属机会的职业经理人比比皆是，给下属机会又容许下属犯错的却不多，而优秀的职业经理人一定是善于给下属创造机会的。当然，优秀的管理者更能容忍下属犯错，容许下属犯非原则性的错误，鼓励其大胆试错、大胆创新、积极探索。只有让下属在试错中成长，才能培养出行家能手、高手，培植起团队的中坚力量。

失败的教训比成功的经验更重要。经验替代不了教训，经验传授常常会成为耳旁风，打动不了人，而教训往往能触动人的心灵。人不经过教训的洗礼，往往不成熟，无法实现人生的蜕变与升华，反之，会让一个人迅速成长起来。

要给下属犯错的机会，容许下属失败。有授权，更要有信任，不怕失败。因为今天的试错，是为了今后在打关键仗、硬仗、大仗时不犯错。

只有给下属犯错的机会，才能培养出骨干，打造出铁军。职业经理人要具有胆识与勇气，敢于、善于给下属机会，并勇于承担责任，不怕其犯错，这是管理者打造优秀团队的关键！

现实中，很多职业经理人都明白授权的重要性，但具体实施起来，很多时候的授权是无效的，授权并没有达到管理者相应的目的。团队不在于人数的多少，而在于思想的统一。个人能力不在于大小，而在于大家能不能形成合力。年龄不在于大小，而在于心智是否成熟。

当好培训师， 管理成功一半

（一）每一个管理者都是培训师

宝洁是全球知名的日用消费品龙头企业，其被外人所称道的地方非常多，而它的培训体系也被称为是世界上最完备的培训体系之一，培养了一批批杰出的人才。在宝洁，不仅所有高管都靠自己培养，而且还输出了不少高管，被誉为“首席执行官的摇篮”。

宝洁从来不用外部讲师，其培训课程几乎都是由纯血统内部讲师负责。在宝洁当内部讲师没有课酬，但是报名选拔当内部培训师的场面却异常火爆。在宝洁，要想成为首席执行官，成为高管，就有了一条捷径：首先成为内部培训师。

宝洁虽然严守内部讲师制的传统，但并没有闭关自守。如果外部有好的课程，宝洁会派内部讲师去参加，然后转化为宝洁内部的课程。例如，宝洁内部讲师也会参加摩托罗拉大学、惠普商学院等企业大学举办的课程培训，成功引进六西格玛的课程，并改造成比较适合宝洁销售和服务行业用的内部课程。

宝洁的案例告诉我们：“每一个管理者都是培训师”不是口号，而是实实在在的成功实践，甚至成为企业的核心竞争力。

培训下属并非管理者的额外职责，而是其管理职责必不可少的组成部分。什么是管理者？管理者就是集合团队力量和企业资源达成企业的目标，并培育和训练下属使之发展成长的人员。作为一名管理者，其天生的职责就是培训辅导和管理员工，还未学会教导他人的管理者是不称职的。

培训员工可以将管理者的经验积累和技能系统化，管理者本身也可以得到很好的成长。大部分管理人员都是从基层做起的，工作经验非常丰富。通过培训员工，可以提高管理者系统思考的能力，因为做和讲是不一样的，要讲透一个东西，可能要花十倍的精力去弄明白，明白了之后就内化为自己的能力了。

我常常说，作为一名总经理要有多重身份，其中之一就是企业的总培训师的身份。部门经理就是部门的首席培训师。中国有一句格言，“以其昏昏使人昭昭”。就是说，你自己都不懂的事情怎么能让别人懂呢？在管理企业中，要把提高管理人员的培训能力作为提高个人职业素养和专业能力的内容之一。在我管理过的企业中，举办管理人员担当培训师的培训班，每个人在上任前都要在培训班中试讲，我怕管理人员本身就把“经”念歪了。同时，年底评选优秀员工的时候，要评选出优秀的培训师。

（二）如何来做好培训师

1. 善于激励他人

成功的企业培训师都会激励和鼓励那些犹豫不决和失败的人勇于承担风险和建立安全网络。失败是一种反馈，是成长的机会。不愿意冒失败风险的企业培训师和被培训者会停滞不前。

2. 积极建立关系

培训师应当是可接近的、友好的、值得信任的，会把培训看作很重要的事。培训师必须是乐于助人的、有办法的，并且能充分地表达自己的想法。他们必须全神贯注于他们的任务并不计较个人得失。培训的成功很大程度上取决于企业培训师和被培训者之间的关系。

3. 善于变通

培训的日程表是灵活的，培训师与被培训者一起，要确定优先考虑的事情和目标，并制订行动计划以实现行为的改变。然而，这一日程安排并不是固定不变的，出色的培训师都能调整日程并且进行“课外”培训以适应个人的不同需要。

4. 善于沟通

培训师应该拥有广泛的人际交往和沟通的技能，并对他人的担忧表示出敏感和耐心；要能够对被培训者移情，表现出对他的世界观、价值观、恐惧和梦想的赞同和理解；要能够提出能激发热情的适当问题，经常做出清晰、直接的反馈。重要的是，必须愿意进行坦诚的交流，不要过于顾及被培训者的反抗情绪或担心使他们难堪或不喜欢。

5. 较强的洞察力

培训意味着行动。自我剖析、洞察力和自我意识总是在行动中发生。例如，我们如何达到某个目标或改变某种行为？被培训者会如何对待新观点？培训师不能只是停滞在培训开始时的状态，或是陷入对情感、目标的关注和对失败的害怕中。如果被培训者最初是不成功的，好的培训师能够让他们在保持活力的同时去寻找导致他们受阻和无效率的原因。

6. 良好的控制力

培训是与发展、成长和变化相关的，培训师显示出的献身精神和毅力，以及关注于目标和行动计划的控制力，将最终带来其所期望的持久的行为变化。

7. 优于解决问题

培训师应该收集被培训者的有关资料，以便决定他们的特定需求。虽然评估和会谈的技巧可以通过学习获得，但一个成功的培训师会拥有一些特定的素质，这些素质可以使他们更有创造性地利用这些信息，诊断被培训者的问题所在，或提出令人振奋的解决办法。

2014 年的 7 月，我们管理公司为一家企业举办了《力之源酒店管理研修班》。这是一个为企业培养管理人员后备力量的研修班。这个研修班的重点是“造人”，即改造人、塑造人、锻造人、造就人。要通过研修班学习掌握一些管理知识、业务知识，但更为重要的是要培养学员们的政治素质、道德情操、管理能力和专业素养，懂得人生的道理、学会自我规划，培养出对社会有用的人才。我们确定的目标就是要把研修班办的“像军队——严明纪律，雷厉风行，不怕困难，永不服输。像学校——勤奋学习，学以致用，不断进步，素质过硬。像家庭——亲如兄妹，互敬互爱，和谐向上，共同发展。”

研修班在开办之前做过一次测试，有 36% 的报名学员不清楚《国歌》的歌词、有68%的报名学员不知道父母亲的生日和生肖、有75%的报名学员对个人的未来没有设想。为此，我们唱的第一首歌就是《国歌》，每次上课前都首先唱《国歌》；讲的第一堂课就是《我爱我的母亲、我爱我的祖国》；介绍培养人才、培养领导力的一个的典型案例就是《用西点军校校规打造我们的团队》。

一个没有思想、没有情操、没有追求、没有梦想的团队不能称其为团队，是不可能有战斗力和持续发展力的。

写给职业经理人

人们在赞扬桌子的时候，看到的更多的是桌面。其实，支撑这个桌面的是那每一条桌腿。因为有了坚实、笔直的桌腿，桌面才平整、平稳，才不失桌子的功能。因此，在一个团队中，当头的一定要学会感谢你的下级，他们是构成这个团队的基础。

设计好“插口”，减少管理成本

1982年，我在沈阳市接待办公室秘书处工作（兼任团总支书记）。

一次领导交代我去参加一个报告会，要录音。那个时候录音机都是日本进口的，小小的录音机市场上还不是很多。为了能够保证录音机的使用时间，我就先去充电，可是由于马虎和着急，我错把充电器的插头插到了耳麦的插口上，结果录音机一下子就烧了。

后来修理费就花了150元，当时这就是大价钱了。现在的电器产品就不是这样了，不同的插头有不同的插口，永远都不会因为误操作而使电器烧毁。

这对我的启示就是，在管理工作中，最好的办法就是设计好程序，这样就不会留给员工犯错误的机会。这就是我创立的“插口管理之说”。

被管理者经常会产生不满，管理者常抱怨管理者不好管，其实，出现这种现象的根源来自于管理者。例如，车辆乱停乱放被贴罚单，司机抱怨没有地方停车。其实，这也是城市管理者制造的矛盾。城市管理者应该想一想，道路是否能够容纳？公路建设与汽车的增长速度是否协调？汽车增长的速度与停放的场地是否配套？

这是同一个问题可涉及几个管理部门管理的问题。比如：只管办理汽车牌照不管道路的容量，只管不能乱停乱放但不能解决车辆停放的位置。

任何一个企业，若期待员工发挥作用，在设定岗位职责的同时，一定要设定相应的履行职责的工作流程及标准。尤其是跨部门才能完成的职能，更应该设置一定的工作流程图。流程图应含流程责任人、操作标准、使用表单等内容，这实际上是具体的工作制度。不这样做，很可能有意无意地导致所设岗位的无所作为，甚至让该岗位成为别人推诿责任的替罪羊。

没有相应流程支持的岗位职责，就是所谓的被人“架空”，企业也会因此浪费巨大的工资支出。在编写管理文件时必不可少的就是《岗位说明书》（见下表）、《标准与流程》。

《岗位说明书》的内容

部分	内容	说　明
第一部分	岗位基本信息	要注明岗位的名称、岗位的层级、隶属的部门和班组、直接上级和直接下级。这就是定位，让任职人员知道他所处的位置，对谁负责
第二部分	职责综述	说明这个岗位是干什么的，承担着什么任务

续 表

部分	内容	说　　明
第三部分	任职资格	也就是这个岗位对任职人员的条件的要求，包括教育程度、工作经历、技能知识、是否需要持证上岗以及自然条件
第四部分	主要职责	包括责任范围和主要工作内容及权限

《标准与流程》即大家常说的 SOP。所谓 SOP，是“Standard Operation Procedure”三个单词中首字母的大写，即标准作业程序，就是将某一事件的标准操作步骤和要求以统一的格式描述出来，用来指导和规范日常的工作。

SOP 的精髓，就是将细节进行量化，用更通俗的话来说，就是对某一程序中的关键控制点进行细化和量化。SOP 具有这样几个内在特征：

（1）SOP 是一种程序，是对一个过程的描述，不是对一个结果的描述。

（2）SOP 不是制度，也不是表单，是流程下面某个程序中有关控制点如何来规范的程序。

（3）SOP 是一种作业程序，是一种操作层面的程序，是实实在在的、具体可操作的，不是理念层面上的东西。

（4）SOP 是一种标准的作业程序。所谓标准，在这里有最优化的概念，即不是随便写出来的操作程序都可以称作 SOP，而一定是经过不断实践总结出来的在当前条件下可以实现的最优化的操作程序设计。说得更通俗一些，所谓的标准，就是尽可能地将相关操作步骤进行细化、量化和优化。细就是在正常条件下大家都能理解又不会产生歧义。

（5）SOP 标准化作业程序。SOP 不是单个的，而是一个体系。虽然我们可以单独地定义每一个 SOP，但真正从企业管理来看，SOP 不可能只是单个的，必然是一个整体和体系，也是企业不可或缺的。

其实，在企业的管理中应该拥有三个主导性管理体系文件：

第一个主导性管理文件是企业文化建设体系文件，包括办企业的宗旨、企业追求的目标、企业的愿景以及为实现愿景每一名企业成员应该履行的义务和责任；

第二个主导性管理文件是企业的经营策略，即作战指导纲领、市场定位、产品定位、经营促销的手段等；

第三个主导性管理文件就是SOP，即各岗位的标准作业程序，而且这个标准作业程序一定是要做到细化和量化的。

主导性管理文件SOP可按如下的程序操作：

（1）与有关部门沟通后，按规范格式以文字的形式编写岗位职责。

（2）对岗位职责中描述的工作适当做分类，并要求该岗位的员工配合画出完成各类工作的流程图。另外，工作流程若由大家共同讨论确定，则比较容易得到实施。除此之外，在讨论的过程中，很多潜在的问题能够被及时发现与处理，企业管理效率因此得以改善。

（3）审核各部门上报的职责流程图，并与企业的制度相对照，最后确定流程图。

（4）根据流程图，编写必要的流程说明，内容包括：流程步骤、重要输入、重要输出、相关表单、标准等。

写给职业经理人

不同的插头有不同的插口，永远都不会因为误操作而使设备损坏。在管理工作中，最好的办法就是设计好程序，这样就不会留给员工犯错误的机会。对企业利益是保护，对员工也是爱护。

穿合适的“毛衣”，使管理恰如其分

作为御寒的毛衣与其他的衣物有一个最大的不同，就是毛衣瘦了，身体把毛衣都撑开了，毛衣就如同渔网，每一个孔都要进风。如果毛衣肥了，就从会领口、袖口下摆四处进风。因此，毛衣一定要合体，肥了、瘦了都不会保暖。管理就像穿毛衣一样，过于严厉、过于放任都达不到效果。这就是我创立的“毛衣理论之说”。

作为领导者，在工作中用“硬话”发威后，应该给下属一段时间检讨他们的行为，反思他们的过失。然后，领导要有计划地分步做收服人心的工作，可以把自己认为有影响的下属先找来，进行深入仔细的长谈，在谈话过程中，用词不妨恳切一点，态度真诚自然一点，让他感觉到领导确实器重他，这就是在“软性”的气氛中真正感动下属。

作为领导，用“硬话”发威是硬的一手，能镇住当时的局面，再通过“软话”把意图缓缓地传达下去，浸润到每个下属的心中。

善于发威的领导者应该深知，“威”虽然是对众人而发，在对个别人时，应该用不同的方法。“软”和“硬”是相对而论，不可千篇一律。

有威慑力的领导者通常决断力强，办事爽快果断，常常是一字千金，以此可以使下属折服，部下也会因为佩服你而自觉地向你靠拢，死心塌地地效忠领导。

威慑发怒是一种比较负面的情感，虽然一直生气不会有什么好效果，但有时大喝一声或突然大声拍桌子等表现，却可以刺激人心。下属看到上司发脾气，就会很小心做好工作。所以，有时利用表现负面情感的方法，可以鞭策下属，驱使他们积极行动。

（一）预示

给下属一些恩惠很容易理解，但“威”却不是随随便便发的。如果下属不服从工作，可以用预示的方式引起他们的警惕。

下达命令或指示下属行动时，预先告知下属如果不遵从，将会受到一定的惩罚，从而让下属遵从指示行动。处罚一般分为明示、暗示两种，但是因为处罚的行使必然会遭到反感，所以，领导者应尽可能注意，以暗示的处罚方式来驱使下属行动。

（二）面子

人有被承认、肯定的欲望需求。所以，被人拒绝、责难、忽视，就会变成很没有面子和伤自尊的事情。因此，领导者可以适当运用警告的语气告知下属：“如果做这样的事，会被大家笑话”或“如果不做好这件事的话，谁都不会再信任你”。通过这类语言，可以使下属认识到如果不这样做的后果。

（三）恰当

评价下属工作的时候，一定要把握分寸，恰当行事，具体可以分三步走：先肯定下属的工作成绩，然后再具体指出他工作中的不足，最后提出对他的期望。将批评夹在好评之中，巧妙而不失委婉，会让被批评者心中有数又不至于大跌面子。这可以称为“三明治批评法”。

同样，对于下属的期望一定要表现得非常诚恳，如：“小张，你是个很有上进心的青年，我希望你下次做得更好。”不要小看这几句评价的话，它能让你的下属在接受批评后备感温暖，工作更有激情。

（四）诚实

诚实是表扬的关键。所夸奖之事必须是真实的、发自内心的。子虚乌

有的夸奖迟早会被识破，同时还会让下属心中纳闷：“我并没有在这方面做得很好，领导却对我大加表扬，这是在讽刺我吗?”这种表扬比批评还糟糕。

（五）精确

当你评价某位下属的工作时，尽量力求精确，泛泛而谈是不能起到好效果的。一来你的下属不能具体明白自己的工作到底是好还是坏，二来泛泛的评价也许根本就不能说服你的下属，反而让人觉得你是在给他“穿小鞋”。与其说“小王，你的这份报告做得太马虎了，我实在不能接受”，不如说“小王，这份报告的数据不够准确，市场分析也不够精确，与当前真实的市场情况尚有一定差距……”这样，下属必定会心服口服。

需要注意的是，“恩威并施”一定要恰到火候。“恩”就是温和、奖励、赞美，“威”就是严格、批评、期望。下属做得有失妥当的地方固然应当批评，而对其表现优秀之处，更不可抹杀，要给予适当奖励。这样，下属的内心才能平衡。

我们要颠覆以往的“成绩不说跑不了，问题不说不得了”的传统的管理理念，这种理念就是不懂“赞美”的积极作用。有很多员工的积极性就是因为这种理念使其失去了工作的兴趣、积极性，对自己的前景失去了信心。

写给职业经理人

在现实管理中，作为职业经理人一定要把握好管理的尺度，要给你的下级穿上温暖的毛衣。要“管好”你的下级，而不是“管跑”你的下级。千万不要用“恨铁不成钢”来为自己的蹩脚管理做掩饰。

管理的真谛在“理”而不在“管”

（一）“管”出的问题

几天前，一位高星级酒店办公室主任和我谈了他们酒店担心员工不辞而别，把工作服带走的控制办法。我听后愕然而痛心。他们的办法是，员工每天早上到布草房领工装，中午交给部门，午休后再领回去，晚上下班再交给布草房。

员工为什么不办手续就走？为什么要拿走工装？谁之过？答案：老板。一定是员工离职时个人权益没有得到应有的保障，如扣发工资等。试想，员工带走工装是因为饭店的工装高档吗？有的工装在饭店以外能穿吗？员工带走工装不过是对企业无奈、愤然的一种发泄形式。管理者不要想怎样控制员工带走工装，而要想一想你是不是做了使员工伤心的事？你是不是没有善待员工？

职业经理人一般都用各自的本领管理着下属，其中有一个非常有趣的现象：事事都管的领导特别累，下属也非常累，并且不会有很多下属。如果这种管理风格的人碰巧当了一家成熟企业的高管，那么整个企业都将毫无生气，大家抱着“不做不错，多做多错”的态度等待着下一届领导的到来。

那么，到底这样的领导出现了什么问题呢？下面这个小故事可以说明问题：

话说一个寺庙有七个和尚住在一起，每天共喝一桶粥，每天都不够。一开始，他们抓阄决定谁来分粥，每天轮一个。于是每周下来，他们只有一天是饱的，就是自己分粥的那一天。

后来，他们推选出一个道德高尚的和尚出来分粥。这样强权就产生腐败，大家开始挖空心思去讨好他、贿赂他，搞得整个小团体乌烟瘴气。

然后，大家组成了三人分粥委员会和四人的评选委员会，结果互相攻击扯皮，粥吃到嘴里全是凉的。

最后，他们想出一个方法：轮流分粥，但分粥的人要等其他人都挑完后拿剩下的最后一碗。为了不让自己吃到最少的，每人都尽量分得平均，即使不平，也只能认了。大家快快乐乐，和和气气，日子越过越好。

（二）管理的真谛在“理”不在“管”

管理者的主要职责就是建立一个像“轮流分粥，分者后取”那样合理的游戏规则，让每个员工按照游戏规则自我管理。游戏规则要兼顾企业利益和个人利益，并且要让个人利益与企业整体利益统一起来。

责任、权力和利益是管理中的“等边三角形”，不可偏废任何一个边。缺乏责任，企业就会产生腐败，进而衰退；缺乏权力，管理者的执行就会变成废纸，进而混乱；缺乏利益，员工就会积极性下降，进而怠工。管理者只有把“责、权、利”这个三角形搭建好，员工才能八仙过海，各显其能。

成功管理的真谛在于发挥人的价值，发掘人的潜能，发展人的个性，不能把管理理解为是单纯的“管束”和“制约”，而应闪耀着人文的光芒。在实际的工作中应少“管”一些，少一些刚性的冷冰的机械管束，多“理”一些，多一些柔性的充满情理的人文关怀。“管”要在“理”的基础上进行，“理”是为了“管”，是更有效的“管”，二者相辅相成，相得益彰。

1. 管理刚柔相济

实施刚性管理就是要调控好规章制度的运作，从严治企，使员工在规范化、法制化、科学化的轨道上前进。但在实际操作时更要注重运用“以人为本”的柔性管理，采用非强制性方式和非权力性影响力，在员工的心目中产生潜在的说服力，把企业的意志转化为员工的自觉行动。

企业经理人要自觉约束自己的权力，注重自身非权力性影响力的作用，运用自己的人格魅力、管理科学的魅力，得人以信，服人以理，感人以情，增进员工的心理认同感。有效的“刚柔相济管理”应该是健康的、充满了信任和活力的，能使员工在暖暖的氛围中感觉到工作的满足，激励所有的成员为实现企业的共同目标而奋斗。

2. 重视共同愿景的力量

管理者的管理理念被员工们认同并成为大家的愿景，是成功管理的标志。如果将管理者的管理理念与员工的理想、企业的目标与员工的期望融合在一起，就能形成一股强大的力量。

大家熟悉的“打土豪、分田地”这句口号最先出现在1927年的文家市，至今全国重点文物保护单位秋收起义文家市会师旧址还保存有当年所写的这条标语。

根据党史专家、吉安市东井冈研究会会长丁仁祥的研究，毛泽东从1928年3月开始，在酃县的中村，正式开展了“打土豪，分田地”的革命斗争，他树起了分田分地这一革命旗帜，把中村当作一个试点。

湘赣边界党的二大召开，再次研究了深入土地革命的问题，并讨论了毛泽东起草的《井冈山土地法》。这是中国共产党领导下的革命根据地自己颁布的第一部土地法。正是把土地革命贯穿于井冈山斗争全部时期，所以才有了根据地的蓬勃发展。

它的经验在于，武装斗争是根本，土地革命即农民的利益是目标、是旗帜，根据地和红色政权是保障，只有在根本和保障的前提下，农民分田分地的目标才能实现，也只有在这面旗帜下，农民得到了自己的利益才会跟着共产党走，跟着红军走。什么叫作代表人民群众的根本利益？在那个时候，让农民能分到自己的田地，这就是最现实的体现。

因此，作为管理者一定要把员工个人的价值观与管理者的价值观以及企业的价值观相融合，并达到总体目标的一致性，这样才能形成巨大的动力。试想，如果当年只提解放全中国，有多少人会跟着共产党走、跟着红军走？反之，只讲打土豪分田地，革命的目标又如何实现？

如果员工个人的价值观与管理者理念及价值取向不一致而经常发生摩擦，员工的心是不可能“平”的。员工只有在实现自身利益和目标的过程中，认识到自身利益对集体或他人利益的从属性和不可分割性，才会自觉地以集体的共同利益和目标为重，求同存异、积极合作。

（1）要面向全体员工，关注每一位员工。哪怕忽略了一个员工，都不会形成合力，都可能成为负能量的发源地。

（2）在培养员工能力和人文素养的同时，更要关注和培养员工的社会责任感、健全人格、社会实践能力和创新精神、解决问题的能力、终身学习的意愿和能力、良好的素养、非智力品质和环境意识等。

（3）要让每一位员工在平凡、和谐和快乐中主动成长，它会产生不可估量的动力。

3. 完善评价体系

企业实施“以人为本”的评价，充分发挥人的才能和调动人的积极性是促进管理成功的重要手段。要建立一种以“促进员工发展成就为目标”的评价体系，既重视员工业务水平的提高，也重视员工职业道德修养的提升，更注重员工取得的工作成就可促成企业成功意识的落实并让它贯穿到企业文化当中去。

松下企业内部蕴含的强劲的内聚力，对外积聚的巨大开拓力，这都凝聚于松下精神里："产业报国、光明正大、友善一致、奋斗向上、礼节谦让、顺应同化、感激报恩"。这一精神在松下企业的发展中一直闪烁着光辉。

4. 一切服从大局

管理者一般情况都在企业分管一项或几项具体工作，在自己分管的工作范围内，经常会遇到一些全局和局部的矛盾，当分管的工作和企业整体工作发生矛盾和冲突时，必须无条件地服从于大局利益，要把自己分管的工作作为全盘工作的一部分来对待，紧紧围绕实现全企业的共同目标开展工作。

5. 践行"重理"

如何在实践中践行呢（见下表）？

践行"重理"

方　法	说　明
需　要	如果管理者喜欢专权，势必效率低下、留不住人。在管理过程中，只有关系双方互相提供需要条件，并获得一定满足，才有可能"理顺"人际关系，从而业绩大增。提供的条件越多，满足程度越高，关系也就越深，职业经理人要为周围的人创造有利的条件，更好地满足彼此不同层次的需要
情　感	情感是人们思想和心理特征的综合反映。管理是人与人之间的信息与情感的传递过程，而"理清"这点则更为重要。没有感情的管理是失败的管理，满足员工情感的交流，同样会激发员工的潜力，忠心地工作。在企业中，只要真正付出情感，必定会赢得共鸣
适　应	管理者急功近利的考核方式和惩罚手段使员工的"幸福感"渐行渐远，员工感到有压力而无动力，有福利而无幸福；他们为自己变成一架工作机器而感到不满。只有晓之以理、动之以情、言明利害、加强沟通、平衡奖惩，才能让员工适应管理，服务于被管理

当力之源酒店管理公司人力资源专家组对沈阳清文化主题酒店咨询项目第一阶段的工作结束后，我们五个人站在酒店22楼的平台上，看到的是夕阳西落的美景，继而是灯火通明的沈阳城。今天我们专家组探讨一个问题，用什么办法能把员工留住？

有的人说待遇，有的人说福利！其实，虽然待遇、福利很重要，但最为重要的是，人们追求的是幸福感！

为什么有的企业待遇不差，但仍留不住员工，就是员工没有幸福感！这是我们职业经理人和所有的管理者应该研究的课题！

那么，什么是员工的幸福感呢？必须满足以下：人格上得到尊重；心理上得到慰藉；知识上得到增长；技能上得到提高；工作上得到指导；业绩上得到认可；能力上得到展示；梦想能得到实现！

如果企业能够做到这些，我们认为就会促进员工队伍的稳定！

人生如酒，喜酒的人说酒香，品味津津乐道；忌酒的人说酒苦，退避三尺之外。积极的人心理阳光，珍爱生活；消极的人心地阴暗，苟且人生。缺乏权利，管理者的执行就变成废纸；缺乏利益，员工就会积极性下降，消极怠工。管理者只有把“责、权、利”的三角形建好，员工才能八仙过海，各显其能。

第四章／不培训怎能指望有好员工

在选人与用人上一定要『以德为先』，能力不行可以后天培训，可德性不行属于先天不足，难以改变。不要以为都十几年了人总会变的，其实本性是难以改变的。

员工不是成本，而是资本

（一）培训实现企业与员工的双赢

“员工培训是一种福利，是一种人性化的管理，是现代管理的精髓。”这是近几年来在国内饭店培训领域喊得最响的一句口号。它曾经影响着无数的业内人士和饭店员工对饭店培训工作的认知。业内人士普遍认为，饭店对员工进行培训和职业生涯设计完全是企业额外提供给员工的一种待遇，而我们的员工也在企业领导者的大力渲染下欣然接受这种可有可无的“福利培训”。

然而，随着经济的全球化和国内旅游市场的不断拓展，越来越多的投资者瞄准了中国这个硕大无比的市场，当然对饭店而言危机也随之而来，整个饭店业市场对于人才的饥渴度将会不断攀升。如何留住人才，使人力资本得以为企业的发展增值，是摆在所有管理者面前的一道难题。

许多职业经理人认为，培训是企业得以稳步发展的基石，是企业的一种投资行为，是人力资源开发当中的一部分。中国的海信集团投入在培训方面的费用每年都要在一千万元以上，这些还仅仅是花在寻找外部师资以及购买课程等方面的费用，大量的内部培训费用还没有计算在内。他们还与知名院校联合办学，意在“融资”。企业花这么大的精力和资金投入到员工培训上，难道不会计算成本吗？答案是肯定的！

因为他们把员工看成是企业的人力资本，把培训看成是企业人力资本增值的重要手段，是一种资本存量的累积过程，更是为企业创造出具有长期性、可持续性的巨大利润，构成企业未来收入增长的一个源泉，所以他们不惜重金进行员工培训投资。

福利与投资具有本质的区别，前者不需要回报，而后者则需要做出相应的回报。显而易见，企业是需要通过培训提升能力改善业绩来作为回报的，利润是企业行动的根本。日本的一份研究报告表明，在企业中，一般工人的建议可使成本下降5%，经过培训后，工人的建议能使成本下降10%～15%，而受过良好教育的工人的建议能使成本下降30%。在饭店业的一些研究中还发现，未受过培训的员工所造成的事故数量是受过培训的员工的3倍。受过培训员工的流动率是未受过培训的员工的一半。由此可见，培训为企业带来了极大的利益，它绝不是一种福利，更不是对员工的一种恩赐。

对于劳动密集型的饭店业来说，越来越多的业界人士已经清醒地意识到人力资源是企业的首要资本，饭店产业的人力资源增量推进只能靠培育和培训两个方面的投入。饭店业的很多管理者，尤其是国有饭店的管理者还严重地存在着对培训工作和投入的认知偏差，致使我们的培训工作没有计划性、实施性、可操作性。有的企业甚至就是凭培训部门工作人员的想法编制培训计划而不去客观的进行分析，其结果导致培训工作滞后，达不到预期的效果，形成饭店培训的恶性循环；有的企业犯了“急功近利”症，只看到眼前的利益，而看不到企业的长远发展后劲，心疼员工培训经费的投入，对员工重使用，轻培训提高……

一个企业培训工作的目标就是要建立企业与个人双赢的培训体系。什么是双赢？就是一方面要满足企业发展的需求，另一方面要满足员工个人成长的需求。培训，是一种能量的积蓄，是势能的积累。精明的饭店业管理者也将会在这一企业与个人双赢的培训中得到更高的回报，谋求企业更好的发展。

（二）员工资源的开发

对员工来说，都希望老板把自己当成资本来重视；但在许多老板眼里，员工是企业的成本：多一个就多一份工资的支出。

战略、人本、文化是企业核心竞争力的三驾马车，其中的人本，就是我们通常说的人力资源。“人本”的概念体现了尊重人性的一面，企业最重要的资产是人，而不是设备、厂房。管理者必须懂得如何激励人和管理人，如何使其发挥最大效应。

企业所有的人员都是资源，在这些资源里面，有的人是成本，有的人是资本。那些可用可不用、无所事事的员工，他们就是成本；但那些掌握技术和达到中高级的管理人员，他们创造了企业的主要价值，这些人不仅参加一次分配，还要参加二次分配，拥有企业一定数量的股权，他们是重要的人力资本。

对于企业来说，员工是一种很特殊的资源，其主观能动性是资金、市场、品牌、产品等其他资源所没有的，具有极大的增值潜力。职业经理人如果能看到员工的这种潜力，将员工当作一种资本，采取有效措施加以开发，就能使之成为用之不竭的资源，最终使人力资本成为企业的核心竞争力。

员工，不仅要当作资源来利用，还要当作资本来开发。

1. 不要重“用”不重“养”

要把员工当作一种资本来开发，首先就要避免重“用”不重“养”的现象。从成本控制的角度讲，看重员工的使用并没有错，也能保证企业一时的工作要求，但是却很难推动企业的持续发展。

一方面，不对员工进行开发，员工很容易流失，而人才频繁流失，企业不能形成稳定的团队，核心竞争力难以形成；另一方面，不对员工进行开发，只讲产出不讲投入，势必导致资源枯竭，使企业增长乏力。

2. 始终关注员工的需求

要把员工当作资本来开发，必须始终关注员工的需求，并最大限度地使其得到满足。员工最关注的问题，莫过于成就感、学习的机会、发展的机会、薪酬制度及归属感等。导致员工流失最重要的原因之一就是发展，如果职业经理人只想要人尽其才，要求员工最大限度地为企业工作，却不考虑员工个人的发展，必然会使员工感到缺乏发展空间而对工作丧失热情与信心，以致影响到企业的持续发展。

3. 想办法留住人才

要留住员工，并使员工保持高度的工作热情，不仅要靠具有竞争力的薪酬以及科学的绩效考核体系，还要对优秀员工进行培养，更大程度地挖掘员工潜力。如果在企业发展的同时，员工也能得到最大限度地发展，员工自然愿意留下来。

留人的关键，就在于使用的同时注意培养。

什么是“企业”?“企”是由“人”和“止”组成的，应该是员工愿意在这里工作，企业能留住员工的组织，这才叫企业。如果员工像走马灯一样流动，企业就是失败的。特别是饭店业，如果留不住员工，就没有稳定的质量，就没有稳定的客源。

在我参加一家企业的年终总结大会、联欢会时，我就感觉这是一个温暖的家，这是一个向上进取的企业。

说它向上进取，是说他们本来就很优秀了，应该说已经达到了，在某些方面甚至超过了一个四五星级饭店的标准，可为了上一个台阶，他们邀请我们管理企业合作，要更上一个台阶，创造一个真正的品牌。

说它是温馨的家，是说企业留住员工的心、感动家长的心，使在这里工作的员工安心，家长在家放心。要过年了，他们请来家长代表到企业和员工过年。家长参观了员工宿舍，食堂和工作现场。我和家长交谈，家长说，我们从没有到过这样高档的酒店，太感谢领导了。看到孩子在这里工作我们放心！

4. 做好人员的管控

要开发人力资本，还需要在经营管理中注重工作过程的管控。对员工的考评既要注重结果，更要关注过程。如果对工作过程缺乏考核，过于放任，就有可能导致急功近利的行为。相反，对完成过程进行管控，使之规范，理想的结果就有复制性，才能保证这种结果持续不断地出现。因此，职业经理人既要看重对员工工作结果的考核，又要看重对员工工作过程的管理。

企业的商业目的是赢利，企业的首要任务是“造人”。企业培训是为了提升员工的素质，但那不是企业对员工的施舍，而是企业的一种投资。对于企业来说，员工是一种很特殊的资源，其主观能动性是资金、市场、品牌、产品等其他资源所没有的，具有极大的增值潜力。

培训是企业的必要投资

有一个企业家说过这样一话：“你可以搬走我的机器，烧毁我的厂房，但你只要留下我的员工，我就可以有再生的机会。”可见，人是企业生存的第一生产力，是企业宝贵的财富。如何重视发掘员工更大的主动性和责任感呢？培训是企业人力资源管理中一个重要的环节，企业要想在现代社会的竞争中立于不败之地，就必须重视对员工的培训。

（一）企业培训的重要性

通过培训可以挖掘员工的潜力、提高员工的工作技能，通过培训传承企业文化，增强企业凝聚力。当前的企业发展迅速，相互之间的竞争也很激烈。而对于当前企业间竞争的问题，主要还是对于人才的竞争。所以，企业培训人才是队伍建设和企业发展的主要工作。

1. 可以培育和形成共同的价值观、增强凝聚力

通过培训，可以增强员工对组织的认同感，增强员工与员工、员工与管理人员之间的凝聚力及团队精神。通常来说，企业人才队伍建设一般有两种：一种是靠引进，另一种就是靠自己培养。职业经理人要不断地进行员工培训，向员工灌输企业的价值观，培训员工良好的行为规范，使员工能够自觉地按惯例工作，从而形成良好、融洽的工作氛围。

2. 可以提升员工技术、能力水准，人与“事”相匹配

员工培训的一个主要方面就是岗位培训，其中岗位规范、专业知识和专业能力的要求被视为岗位培训的重要目标。岗位人员上岗后也需要不断地进步、提高，参加更高层次的技术升级和职务晋升等方面的培训，使各自的专业知识、技术能力达到岗位规范的高一层标准，以适应未来岗位的需要。员工培训工作显得尤为重要，实践证明它也是达到预期目标的一条有效途径。

3. 可以激励员工工作的积极性

员工培训是一项重要的人力资源投资，也是一种有效的激励方式，例如：组织业绩突出的员工去外地参观先进企业，鼓励员工利用业余时间进修予以报销费用等。调查显示，进修培训是许多员工看重的一个条件，因为金钱对于有技术、知识型员工的激励是暂时的，一段时间可以，长时间不行，他们更看重的是通过工作得到更好的发展和提高。

4. 可以建立学习型组织

学习型组织是现代企业管理理论与实践的创新，是员工培训开发理论与实践的创新。要想尽快建立学习型组织，除了有效开展各类培训外，更主要的是贯穿“以人为本”提高员工素质的培训思路，建立一个能够充分激发员工活力的人才培训机制。

综上所述，员工培训是组织人力资源管理与开发的重要组成部分和关键职能，是组织人力资源资产增值的重要途径，也是企业组织效益提高的重要途径。

（二）人员培训的方法

对于企业进行人才培训的相关工作，我们都需要注意哪些问题呢（见下表）？

人才培训的方法

方　法	说　明
明确人才培养目的	培养人才，首先需要明确目的，这个目的主要基于企业的发展规划。明确目的之后，要寻找需要培训的员工，只有针对合适的员工进行合适的培训，才能够最大限度地保证企业培训的成功
建立完善的培训体系	对于企业的培训，除了受训者之外，首先要重视培训体系的建设。一般来说，正规的企业都有着较为完善的培训体系，这些企业的培训做的都是比较成功的。企业应该注意这些相关问题并且尽量避免，这些问题大致有下面几个：在企业急需人才的时候才想到对人才的培养；只注重单方面人才培养，缺少大局观；偏爱一些非常规的培训措施；企业培训得不到企业领导的重视
建立可积累的知识架构	对于企业人才培养，在保证架构体系的建立后，基本上就不会出现很大的问题。目前很多企业将这些关键因素依靠于单一的培训经理，可是一旦培训经理出现变动，企业培训的相关工作将无法运作。所以，要建立一个良好的知识管理体系。知识管理就是实现企业各方面知识共享的一个途径，所运用的是企业的集体智慧和应变能力

（三）走出培训的误区

有很多的企业认为，培训是给予员工的最大的福利，总是让员工感恩戴德。其实培训不是什么给员工的福利，而是企业自身的一项投资。

还有一个误区就是，企业认为在员工流动率高的情况下，培训就是白搭工夫，培训完了人也走了。其实不然，有一部分员工是带着学习提高的愿望来到企业的，他们想学一些知识、学一些本领，可是在这里学不到，他一定是要走的。据我们掌握的情况看，在员工流动中因为学不到本领而走的是人员流动的主要原因之一。

写给职业经理人

培训是企业人力资源管理中的一个重要的环节，企业要想在现代社会的竞争中立于不败之地，就必须重视对员工的培训。要记住在你饥饿时，为你送上哪怕是一口水的人；要记住在你寒冷时，为你送上哪怕是一根火柴的人。而你应该忘记，在你春风得意时，为你喝彩，为你送上哪怕是金银财宝的人，因为他未必是真心的。

王牌军都是训练出来的

（一）东京迪士尼

20 世纪 80 年代末，我曾到过东京迪士尼去游玩。在那里人们一般都不会遇到迪士尼的经理，门口卖票和剪票的也许只会碰到一次，碰到最多的是扫地的清洁工。因为，东京迪士尼对清洁员工非常重视，将更多的训练和教育大多集中在他们的身上。

1. 从扫地的员工培训起

在东京迪士尼，有些扫地的员工是暑假工作的学生，虽然他们只工作两个月，但是培训他们扫地要花 3 天时间。

（1）学扫地

第一天上午，培训如何扫地。扫地一共使用 3 种扫把：一种是用来扒树叶的，一种是用来刮纸屑的，一种是用来掸灰尘的。这 3 种扫把的形状都不一样。怎样扫树叶，才不会让树叶飞起来？怎样刮纸屑，才能把纸屑刮得很好？怎样掸灰，才不会让灰尘飘起来？这些看似简单的动作却都需严格培训。而且，扫地时还另有规定：开门时、关门时、中午吃饭时、距离客人 15 米以内等情况都不能扫。这些规范都要认真培训，严格遵守。

（2）学照相

第一天下午，学照相。十几台世界最先进的数码相机摆在一起，各种不同的品牌，每台都要学。有时候客人会叫员工帮忙照相，可能会带世界上最新款的照相机，如果员工不会照相，不知道这是什么东西，就不能照顾好客人，所以学照相要学一个下午。

（3）学包尿布

第二天上午，学怎么给小孩子包尿布。孩子的妈妈可能会叫员工帮忙抱一下小孩，但如果员工不会抱小孩，动作不规范，不但不能给客人帮忙，反而还会给客人增添麻烦。抱小孩的正确动作是：右手扶住臀部，左手托住背，左手食指要顶住颈椎，以免闪了小孩的腰，或弄伤颈椎。

不但要会抱小孩，还要会替小孩换尿布。给小孩换尿布时要注意方向和姿势，应该把手摆在底下，尿布折成十字形，最后在尿布上面别上别针……所有的这些都要认真培训，严格规范。

（4）学辨识方向

第二天下午，学辨识方向。如果有人要上洗手间，“右前方，约50米，第三号景点东，那个红色的房子”；如果有人要喝可乐，“左前方，约150米，第七号景点东，那个灰色的房子”；如果有人要买邮票，“前面约20米，第十一号景点，那个蓝条相间的房子”……客人会问各种各样的问题，每一名员工都要把整个迪士尼的地图熟记在脑子里，对迪士尼的每一个方向和位置都要非常明确。

训练3天后，员工就会领到3把扫把，开始扫地。

2. 会计人员也要直接面对客人

会计人员通常都接触客户比较少，可是迪士尼规定：会计人员在前两三个月中，每天早上上班时，要站在大门口，对所有进来的客人鞠躬、道谢。因为客人是员工的“衣食父母”，员工的薪水是客人掏的。感受到什么是客户后，再回到会计室中去做会计工作。迪士尼这样做，就是为了让会计人员充分了解客户。

3. 其他重视客人、重视员工的规定

（1）怎样与小孩讲话

游迪士尼有很多小孩，这些小孩要跟大人讲话。迪士尼的员工碰到小孩在问话，统统都要蹲下。蹲下后员工的眼睛跟小孩的眼睛要保持一个高度，不要让小孩子抬着头去跟员工讲话。因为那个是未来的客人，将来都会再回来的，所以要特别重视。

（2）怎样送货

迪士尼乐园里面有喝不完的可乐、吃不完的汉堡、享受不完的三明治、买不完的糖果，但从来看不到送货的。因为迪士尼规定，在客人游玩的区域里是不准送货的，送货统统在围墙外面。

迪士尼的地下像一个隧道网一样，所有的食物、饮料统统在围墙的外面下地道，在地道中搬运，然后再从地道里面用电梯送上来，所以客人永远有吃不完的东西。

由此可见，迪士尼是多么重视客人，重视客人的感受。客人之所以会不断地去迪士尼，迪士尼之所以能够收到这样的结果，给出的答案就是：王牌军都是训练出来的！

（二）山东接待“全国十一运”经验

2012年12月7日至11日，我参加了辽宁省饭店行业协会组织的赴山东考察团，考察的主要目的是学习山东接待“全国十一运”的经验，这是为迎接2013年“全国十二运”在沈阳举行做的前期准备。

我从事饭店业近40年，到过国内外的诸多饭店。见得多了，也就见怪不怪了。可是，我到了山东大厦，却感觉耳目一新，可看可学、可圈可点的事例太多了。

回到沈阳后，我先后为沈阳力之源管理公司管理的饭店，以及在辽宁省饭店行业协会组织的职业经理人培训班上做了考察成果的分享，这些分享都引起了共鸣。后来，我又先后两次带队去山东大厦考察，虽然考察的时间十分有限，但是我们受到了VIP的接待礼遇，热情的接待、无私的介绍、坦诚的交流，都使考察团的所有成员为之感动。

1. Love服务，使我感到胜似家的温暖

我一进入房间，一位“金钥匙”手持托盘，向我问候之后，告诉我：“我们为您特意准备了菊花茶、绿茶和蜂蜜水。请问您用哪一种？”

午饭后，我回到房间，看到桌子上备有一杯冰糖梨水，并有一心形卡片，上面写道：“济南秋季天气干燥，特意为您准备了一杯冰糖梨水，希望您能满意。”晚饭后，我刚到房间，一位服务员给我送来了一杯牛奶。看到这些，何止是满意，而是惊喜。

2. “七常管理法”，促进了管理的提升

“七常管理法”是以“常分类、常整顿、常清洁、常维护、常规范、常检查、常自律”为主要内容的饭店日常管理方法，是山东大厦根据日本的5S管理，结合饭店业管理的实际情况，创立的一套科学的饭店管理模式，实现饭店标准化建设、规范化管理。我们无论走到哪个部门，都可以看到各部门结合“七常管理法”制定的本部门的标准及目标，还附有实践后的成果。

3. 精美的出品，独具齐鲁特色

在当晚体验式宴会上，首先映入眼帘的是员工用手工摆出的简洁的美丽图案，品尝到的是具有地方特色的“孔府荞麦野生鲍”“龙山石馍咸鸡蛋”，特别是当上来“泰山赤磷鱼拼全蝎”的时候，在每个人的面前还放有一个介绍赤磷鱼的小卡片，使这道菜更具“含金量”。分餐式服务更可领略服务人员的技能功底。两次自助餐都随处可见山东大煎饼、泉水豆腐等齐鲁菜肴的代表性菜点。

4. 高科技的应用，硬件占领制高点

我们参观了正在改造的客房，这里大量应用了科技手段。他们在“创建21世纪客房”理念的指导下，使客房更加人性化、个性化。电视门窥镜是山东大厦的专利产品、浴缸的“雾化玻璃”减少了拉帘的烦琐、女士美甲后的“指甲烘干”更会深得女士的青睐等。投资的高起点、高科技元素的融入，会更好地赢得客人的心。

5. 企业文化建设，稳定了队伍

大厦核心价值观，有企业理念的载体。他们每周在电视台有一个栏目、自办杂志、文化墙；部门创立子文化，如水文化、耕牛文化、蜜蜂文化；人本建设，关爱员工等，都促进了员工队伍的稳定，员工流动率远远低于同行业的水平，中高管基本没有流失。这就使山东大厦的“文脉”源远流长。

不可否认，离开了训练，上面的这些服务是不会做得如此娴熟！

早在1984年，我走上领导岗位后就提出，一个企业要成

功，一定要树立强烈的服务意识，即上级为下级服务、二线为一线服务、上道工序为下道工序服务、全员为客人服务。这个理念一定要明确和坚持。还有，要打造一支队伍，培训、培训，还是培训。

信任是最好的激励

酒店业高级职业经理人、具有多年管理酒店经验的张大彬总经理在总结自己工作体会时说，在实际工作中一定要信任你的下属，信任是最好的激励。

2009 年，全国政协外委会副主任吴建民和清华大学国际问题研究所所长阎学通做客腾讯网，针对国家形象、中国和平崛起等问题展开过探讨。当我看到这些报道，使我的心灵受到震撼的是它那醒目的标题："国家的形象在于善待自己的人民，中国的国际形象不在于钱多"。

阎学通说，中国在国际的形象不取决于中国的钱多。日本钱多，日本就比北欧国家形象好吗？我自己认为是两个字"诚信"，讲信誉是关键。特别是在国际上，一个无秩序的情况下，人们不能相信任何人，任何人都会猜测对方可能害我。

在一个相互怀疑的社会之间，最有诚信的人就是朋友最多的，最有诚信的人就是号召力最强的，最有诚信的人就能够得到最多人的支持。因为人们相信他不害人，不害人不是说你现在不害人。他已经五十年不害人了，估计这次还不会害人，那个人一百年没害人了，那么这个人更诚信。所以，中国今后的外交一定要注重提高国家的战略信誉，没有战略信誉我们想成为世界一流大国，这是做不到的。

听到这番话，我在思考。国家的事我还没有资格来评论，但从理论上说，国家和企业都是一样的，既然国家的形象在于善待自己的人民，那么企业的形象也在于善待员工。

大家知道，饭店业员工的流动是很大的，有个别的饭店一年就走了一个饭店的员工（即饭店定编100名员工，一年先后走了100名），这样就会对饭店的质量稳定造成很大的威胁。还有的员工开完工资后就不辞而别了，连手续都不办理，使饭店处于被动局面。

（一）诚信是一种品行

诚信不仅是一种品行，更是一种责任；不仅是一种道义，更是一种准则；不仅是一种声誉，更是一种资源。就个人而言，诚信是高尚的人格力量，是人与人之间相互信任的基础。一个靠谱的人，往往更容易得到信赖和尊重。

员工流动的原因很多，但是很重要的原因之一是企业的诚信。员工入职前，企业把员工所关心的事情说得是天花乱坠。可是一旦上班了，不是扣工服押金，就是扣宿舍费，名目繁多，一个月下来，好多承诺的事情都不能兑现，员工就产生了上当受骗的感觉。试想，这样做，员工那满腔热忱不就如同遭到了一次霜冻？

新员工入职，不管他带有什么目的，但是按照著名心理学家马斯洛的人的需求层次论的理论来说，首先是生存的需求。他们依靠工资来维持生活，如果这起码的需求都得不到满足，必然会影响到员工的稳定。

企业要不断地通过每一件事情在员工中树立企业的信誉，不论是对待在职的员工还是离职的员工都不可以失信。失信只会损害企业的形象。

懂得感恩的人易于成功

一晃春节就过去了。

这几天在和朋友交谈中，自然谈论到自己的职业生涯是否成功，仕途上是否顺利的问题。

很多人在抱怨，感觉工作很努力，也感觉新提拔的人不如自己，自己为什么在仕途上、职场上总是失败。找不到失败的原因，认为自己也是尽心尽力了，可是为什么总是不顺利？我和他们说，对有的人来说不是能力问题，而是为人的问题。我说，尽管你很努力，业务也精通，业绩也不错，可为什么不顺利呢？你失败就失败在有没有感恩之心上。

我认识一个做房地产的老板，他一生就开发过一个楼盘，最后企业破产了。可他自己却找不到破产的原因。我问他，你的收益是怎么分配的？他说得很简单，收入去掉工程开支，剩下的就是自己的。我告诉他，你错了。收益不是你一个人的。比如，你是否考虑了是谁帮你创造了这么多的利润？这些利润不是你一个人的，而是所有帮助过你的人的。你只是考虑了自己的收益，而没有把所获得的收益进行二次分配，兼顾那些曾经帮助过你的人，这就是不懂得感恩的人，你不失败是不可能的。

过节了，你除了在家盘点自己一年的收获外，必须考虑到曾经帮助过你的人。要记住财富是属于大家的。要知道哪些是属于你的，哪些是属于别人的。这种感恩之心就等于在给自己的未来铺路。“财散人聚、财聚人散”就是这个道理。

老板和员工都应该有感恩之心。老板冒着风险来投资，为社会做出了贡献；也为员工就业提供了就业的机会，员工应该感谢老板；反过来，员工也是通过他们勤劳的双手来实现老板所要实现的愿望，老板也应该感谢员工，实际上是建立了利益的共同体。

如果老板认为是我给你的饭碗，我就可以随意主宰你的一切，把员工当成会说话的工具，那你就不可能善待员工。反过来，员工认为我就是个打工的，我是在给你干，这就失去了工作的主动性和积极性，也不会有责任感。要实现老板和员工的共同愿望，首先要处理好两者的关系，营造一个和谐的工作环境。

一定要懂得感恩，要有感恩之心，如果能做到这一点，那你一定还会得到很多的人为你施恩，也一定有人会助你走向成功的彼岸。

（二）做好调整，信任员工

我创造了一个理论叫“追悼会效应”，就是说人们对死者的悼念，死者并不知道，但是活着的人却看得清清楚楚。你身边的人不会看你对他如何，而是看你对别人如何。一件事情做不好，就如同苹果筐里出现了一个烂苹果，迟早一筐苹果都会烂掉。

企业的形象不是靠打广告树立的，员工是最好的宣传员。比如，这家饭店有500名员工，一年当中离职了200名员工。假设这200名员工中有100名员工是带着埋怨和不满离职的，他们在社会上的传播面就可以达到上千人，这样的影响远比广告的影响大。所以，企业应该善待员工，特别是要处理好已经离职人员的善后工作：使要求离职的人高高兴兴离开，使在职的人踏踏实实工作。

有这样一个企业，所有离职的中高级管理人员都不能按时结算工资，要么是拖欠许久，要么是千方百计地克扣一部分，不管钱数多少都反映了这家企业的诚信不够，也都会影响到企业的形象。

员工是企业生存与发展的根本力量，在企业经营中要树立“员工第一、员工至尊”的理念。员工受到了尊重，才会迸发出无穷的力量，企业也才会有良好的形象。

信任员工，可以充分激发他们的创造潜力，甚至能够为企业带来不菲的价值。对于大多数的管理者而言，信任员工就需要做一些具体的调整。

1. 信任员工的道德品质

职业经理人不要总是对员工持怀疑的态度。作为一名企业员工，谁都有人格和尊严，如果员工被怀疑，特别是个人的道德情操被怀疑，就会极

大地挫伤其工作的主观能动性。同时，其他员工也会受其影响，人人自危，把工作中的创新当作“雷池”，不敢逾越一步。

现代社会，人心浮躁，对员工来说工资、职位、福利等个人利益似乎是人们最终追逐的。但有一个规律是，“人才择贤主而归附”，只有在一个好的领导者手下工作才会实现自己最大的人生价值。所以，职业经理人不要忘记，无论什么时候，摄取人心都是非常重要的一环。如何能更好地提高员工工作的积极性，关键在于管理者对人心、人性的透彻理解和把握。

2. 信任员工的办事能力

每个人因其自身素质的不同，办事能力会不同，办事效率也有高低之分。信任别人的办事能力，就是对员工的一种鼓励、鞭策。管理者要广开言路，真心实意地听取别人的意见或建议，集众人之长，克己之短；要多倾听、多思考、不断甄别真伪，慎重作出决策。

杨元庆从柳传志手上接过联想帅印之初，社会各界对杨元庆的能力多少有些怀疑。柳传志有两件事做得非常有力度：

第一，他力挺杨元庆，他说：“遇到类似的情况，即使由我亲自管理，也未必能比杨元庆做得好，为什么我们要对元庆这么苛刻呢?”

第二，无论别人怎样怀疑杨元庆的能力，柳传志都恪守董事局主席的职责，坚决不干预杨元庆负责的事情。

如果当时柳传志也怀疑杨元庆的能力，亲自上阵，还能有联想集团的今天吗？突破“怀疑”是很多领导人面临的一个重大问题，一切关于战略变革、组织变革等能否有效突破的问题，首先是领导人能否自我突破的问题。

员工一般都不喜欢不善于听取别人意见和建议的领导，如果经理人在员工提出方案和方法之初就一口否决，这是对员工办事能力的不信任。孔子说：“三人行，必有我师。”任何一个人都有弱点，如果职业经理人傲视一切，目中无人，不能集思广益，企业怎么发展?

3. 给员工自由，为员工“松绑”

很多职业经理人喜欢按照上级领导的指示办事，听上级领导的话，这样就不会犯错误或者少犯错误。久而久之，企业领导的内心深处便会形成：员工必须无条件地服从“我”的指示、照“我”的意思办、听“我”的话的意识，就会在企业文化中传播一种“奴役文化”。

为员工“松绑”，让员工展露才华，为他们提供平台，才是一个企业优秀部门领导的宽阔胸怀，这样才能带领好你的团队。

谈到张瑞敏的梦想时，他在参观瑞士国际管理发展学院时说：

> “我的梦想就是海尔全体员工每天都能够高高兴兴地工作。这种幸福的实现是基于海尔为每一位员工全力开发其潜能和实现他们的价值创造了一个平台，而不是被动地接受命令，承受巨大的压力。我希望通过我们创立的平台，每一位海尔员工都可以做不普通的事……为每一位员工提供做首席执行官的机会，让他们管理一家企业，使得他们的梦想有实现价值的平台……在这个平台上，机会是向所有人开放的，选择也是根据建议的质量决定的。”

时代变了，用人之道没有变

一天早上，读了“埃及政变逼宫者曾获穆尔西提拔出任国防部长”一文，感慨良多。看来古今中外都是如此，最伤害你的人就是你最信任的人。国家如此、企业如此、社会如此，个人也如此。

即使你帮助某些人谋个一生中都没有做过的高职位、挣到了一生中都没有挣到过的工资价位、争取了一生中都没有获得过的荣誉，但是，他仍然会与你背道而驰、反戈一击。

有些人说，当今社会就是“笑贫不笑娼”的时代，“有奶就是娘”的俗语也说过了几百年，可现在践行这些说法的人越来越多。道德底线已经没有了，人性已经扭曲了。

我想，现在被软禁的“穆尔西”最懊悔的就是当初不该提拔塞西，我可以告诉你“穆尔西”，谁叫你当初没有看准人啦？谁叫你做了个“东郭先生”啦？

纵观多年的经验与教训，在选人与用人上一定要“以德为先”，能力不行可以后天培养，可德行不行属于先天不足，难以改变。不要以为都十几年了人总会变的，其实本性是不会改变的。“江山易改，禀性难移”，这是千年古话，圣人先贤的经验总结，不可忘记！

写给职业经理人

医院里来了一批实习护士，患者们担心她们扎点滴的技术不过硬，就不愿意让实习护士扎。可我偏偏要求让实习护士来扎。年轻人总得给她们机会啊！说来也怪，这位护士每次给我扎都是“一针见血”。那些担心的患者、嘀嘀咕咕的患者反而会遭受两针之苦。管理也是这样，给他信心，让他放手去做，就会得到好的效果。

从依靠个人到依靠团队

（一）小故事，大道理

在茫茫大海里，几只海豚在觅食。忽然，它们欣喜若狂地看到，海洋深处游动着一个很大的鱼群。这时，它们并没有因为饥饿冲向鱼群，急于求成，因为如果那样，鱼群就会被冲散。它们游动着尾随在鱼群后面，用特有的声音“吱、吱……”向大海的远方召唤。

一只、两只、三只……越来越多的伙伴游了过来，不断地加入到队伍中一起高声呼唤着！哇！已经五十多只了，它们还没有停止！当海豚的数量汇集到一百多只的时候，奇迹发生了！所有的海豚围着鱼群环绕，形成一个球状把鱼群全部围拢在中心。它们分成小组有秩序地冲进球形中央，慌乱的鱼群无路可逃，变成了这些海豚的腹中佳肴。

当中间的海豚吃饱后，它们就会游出来替换在外面的伙伴，让它们进去美餐。就这样不断循环往复，直到最后，每一只海豚都得到了饱餐。

没有完美的个人，只有完美的团队！同样的故事还有一个：

在广袤的非洲大草原上，三只小鬣狗一同围追一匹大斑马。面对着身材高大的斑马，三只两尺多长的小鬣狗一拥而上。一条小鬣狗咬住斑马的尾巴，一只小鬣狗咬住斑马的鼻子，无论斑马怎么挣扎反抗，这两只小鬣狗都死死咬住不放。

当斑马前后受敌、疼痛难忍时，一只小鬣狗就开始啃它的腿，终于斑马支撑不住，倒在了地上。一匹大斑马就这样被三只小鬣狗吃掉了。

三只小鬣狗之所以能够击败大斑马，不仅由于它们自身的优秀，还在于它们组成了一支优秀的团队，并分工协作，致力于共同的目标。

在专业化分工越来越细、竞争日益激烈的现代职场，靠一个人的力量是无法面对千头万绪的工作的。如果能把自己的能力与别人的能力结合起来，就会取得令人意想不到的成就。

一个哲人曾说：你手上有一个苹果，我手上也有一个苹果，两个苹果交换后，每人仍然只有一个苹果。但是，如果你有一种能力，我也有一种能力，两人交换的结果，就不再是一种能力了。

一加一等于二，这是人人都知道的算术题，可是用在人与人的团结合作上，所创造的业绩就不再是一加一等于二了，而可能是一加一等于三、等于四、等于五……团结就是力量，这是再浅显不过的道理。

一个人是否具有团队合作的精神，将直接关系到他的工作业绩。一个没有团队精神的人，即使个人工作干得再好也无济于事。因为在这个讲究合作的年代，真正优秀的员工不仅要有超人的能力、骄人的业绩，更要具备团队精神，为团队整体业绩的提升作出贡献。一个人的成功是建立在团队成功的基础上的，只有团队的绩效获得了提升，个人才会受到嘉奖。所以职业经理人要督促员工，使其融入到整个企业之中，凭借整个团队的力量，把自己所不能完成的棘手的问题解决好。

（二）激发员工不断增强凝聚力和战斗力

1. 明确团队目标，深入员工内心

目标是一面旗帜、一盏指明灯，可以带领员工朝着共同的方向去努力、拼搏，直至达到预期的结果。不管做任何事情，如果没有明确的目标，就好比散兵游泳，在茫茫的大海中永远找不到停靠的岸。

目标可以是管理目标、生产目标，也可以是安全目标、品质目标、效率目标，只要经过深思熟虑制订出了符合自身发展要求的目标，就要让每位员工牢记在心。

2. 尊重员工，以鼓励为主

尊重员工，不仅要尊重他们的人格和劳动成果，还要尊重他们提出的一些合理化意见和建议。当员工通过踏实肯干取得成绩时，要激励其再接

再厉、继续努力；当员工由于思想麻痹犯了错误时，要诚恳地指出问题的根本原因和今后的努力方向，并希望下次不要有类似的事情发生或希望下次能见到他表现好的一面，而不是一味地加以指责。

这样做，不仅可以使员工觉得得到了尊重，还可以让员工在认识到自己错误的同时树立信心，不断地去修正自己的行为，做好工作，达到要求。

3. 充分调动员工的主观能动性

如果每个员工的长项和优点都能在工作中得到有效的发挥，那么人人都是块闪光的金子。尺有所短，寸有所长。每个员工所具有的长处和短处要在工作中尽量做到“私人定制”、扬长避短。

（1）对能力强又有主见的员工，只要告诉他团队的要求以及具体的实施过程就可以了；

（2）对于思想比较保守、依赖性强、踏实肯干的员工，应该提出具体的要求，让其明确自己的责任和工作任务；

（3）在相互配合协作方面，则要考虑员工的互补性，性子急的可以带动性子缓的，性格外向的可以影响性格内向的，用最佳的组合方式工作就能很快实现团队的目标。

4. 树立领导的威信

职业经理人要以企业和团队的利益为重，处理问题公正、果断，不拖泥带水，让每个员工心服口服，才能在工作中发挥决策作用。

领导的威信使员工有种敬畏感，可以使员工服从领导的安排与要求，而不会出现员工与领导讨价还价或不服从安排的现象。

在与队员沟通的过程中，能够真诚地与员工进行沟通，让他们觉得领导平易近人，近而乐于接受。同时，还要了解到他们的个性、习惯等，为以后的工作安排做参考。

员工每天盼着早一点儿上班，并充满激情，这样的企业一定有活力，也一定有效率，这就是成功的企业。如果员工把上班看作无奈，即使上班了也不会有工作效率，这就是糟糕的企业。成功企业的老板总是认为下属很重要，推功揽过；糟糕企业的老板总是认为自己很重要，推过揽功。

第五章／服务质量在『造』不在『管』

早上，为家里那盛开的樱桃花拍几张照片。樱桃花随报春花开之后，到了开花的时节。人们一定都愿意欣赏那鲜花盛开的美景，可随之而来的一定是纷落如雨的花朵凋零。盛开是生命的复苏，凋零是果实的孕育。

优质服务先 “造人”

企业的商业目的是赢利，但要实现这一目的的首要任务是“造人”。因此，企业培训提升员工素质，并不是企业对员工的施舍，而是企业的一种投资。这就是我创立的“培训投资之说”。

2012年8月26日，“辽宁北辰新汇酒店管理公司员工军训结业暨新员工入职宣誓仪式”在沈阳紫薇仙庄举行。我作为沈阳力之源酒店管理公司的首席执行官和这次军训的指挥官，参加了这次活动。

仪式举行之前，一共由百人组成的三个小队异常活跃，他们唱着《没有共产党就没有新中国》《团结就是力量》这些耳熟能详，曾激励了几代人的红色歌曲。同时，也使我沉浸在那四十几天的军训的回忆之中，仿佛我又回到了如火如荼的催人奋进的年代。

仪式开始了，力之源酒店管理公司人力资源总监、北辰大酒店人力资源部经理潘志红跑步到主席台前，向主席台和员工敬了一个标准的军礼，然后大声宣布：“辽宁北辰新汇酒店管理公司员工军训结业暨新员工入职宣誓仪式”正式开始。

军训总教官赵国军（这位从军营走出来的我们管理企业全权管理的盘锦银龙国宴大酒店饭店保安部经理）跑步到主席台的正前方，向我敬军礼，“报告总指挥，员工列队完毕，请指示。”我还礼：“按计划执行。”一声令下，军训成果汇报开始。

在军乐曲的伴奏下，当这支经过训练的员工队伍在辽宁北辰新汇酒店管理公司旗帜的引领下，昂首挺胸，迈着整齐的步伐通过主席台时，他们集体向右看齐、敬礼，并高喊着“忠诚敬业、绝对服从、团结一致、坚决执行”的口号。我作为这次军训的总指挥官，尽管因为参加军训不慎右侧三根肋骨骨折还缠着绷带，可我仍笔挺地站在那里像军人一样，行军礼向受训的员工还礼。

在这支队伍中，有酒店各部门的经理、有刚刚毕业不久的学生，有当地人也有外地人，也有下岗再就业的中年妇女。他们最小的不满二十岁，最大的年龄都已过半百。就是这样一支年龄差异大、文化差异大的队伍，在很短的时间内能取得这样的成果，使应邀参加活动的领导和观摩的员工都感到十分钦佩。这时我的眼里已经噙满了泪花，因为四十几天的军训，大家风里来雨里去、摸爬滚打，吃了不少的苦头，可终究看到了成果。

这正像辽宁北辰新汇酒店管理公司马民董事长在总结讲话中所说，通过这次训练，我们培养了作风、锤炼了意志、提升了能力、增进了彼此的友谊。我们要致力于打造一支勇于担当、甘于奉献、能打硬战的队伍。在大家的身上我看到了希望与未来。

其实，通过军训来增强员工队伍服从意识、执行力意识、团队意识的活动，我们已经组织不止一次了。当年，我们在接受委托管理盘锦银龙大酒店时，搞的员工集训也取得了可喜的成果。

服务是饭店的职能，服务人员是直接影响到服务质量的重要因素。因此，打造好一支员工队伍，通过他们展现饭店的宾客至上、个性化服务、人性化服务是十分重要的。

（一）培养服务意识

毫无疑问，人只有具备了意识，才能具备行动的信息指导前提。在具体服务中，服务意识可体现一个员工、一个部门乃至企业全体员工的服务理念与专业素质。

如何才能树立服务意识呢？

第一，树立正确的服务观念，清醒地认识服务工作的意义。

第二，热爱自己的本职工作，对企业具有归属感和责任心，有做好工作的主观愿望和创新精神。

第三，尊重理解客户，热情礼貌待客，想客户之所想，急客户之所急。

第四，不断“充电”，学习、掌握服务知识，提高业务技能。

第五，善于观察、善于思考，准确读懂客户一言一行中所表达的含义且做出回应。

培养服务意识的关键点在于，要使员工懂得自身的工作和薪水是客人给予的。

（二）培养质量意识

服务质量的提高概括地说主要包括两个方面：一是硬件方面，包括设备设施是否完善、服务功能是否齐全，最终能不能满足客人的基本需要。二是软件方面，包括技能和态度两个方面。从技能上讲，工作标准与流程要全面地掌握，要能够准确地运用硬件的条件为客人提供服务；从态度上讲，一定要摆正饭店与客人、员工与客人的关系，要时刻提醒自己牢记服务宗旨，学会与客人换位思考，一切从客人的需求和感受出发，处理任何事情要多为客户着想，提高这种意识，才能真正地提高我们自身素质，提高服务意识。

培养质量意识的关键点在于，要使员工懂得质量是企业生存与发展的生命线，质量是赢得客人、赢得效益之本。

（三）培养自觉意识

由于饭店的商品具有生产与出售同时进行并完成的特殊性，这就要求服务人员必须具有自觉的服务意识。特别是有些岗位都是一对一的服务，不可能设有事前的监督，即使有监督也不可能在为客人服务的过程中同时进行。

为此，我们应该学习大庆人那种“三老四严四个一样”的精神，把优质服务作为一种自觉的行动。在饭店单靠质量检查来提升质量是不可能的。正如威廉·爱德华兹·戴明所说：检查一个过程的最终结果不可以提高产品或服务的质量。如果饭店通过质量检查可以提高服务的质量，则只会增加服务检查人员的层次，促使服务人员形成事不关己的态度，反而会降低服务的质量。

企业的商业目的是赢利，但要实现这一目的的首要任务是“造人”。因此，企业培训提升员工素质，并不是企业对员工的施舍，而是企业的一种投资。老板应该有打工者的心态，打工者应该有老板的心态。这样，老板才能用好打工者，打工者也有机会当上老板。

服务质量是设计出来的

2014 年 7 月 11 日，我从北京赶回，应邀参加中国烹饪大师梁燕立先生的收徒传艺暨生日庆典活动。

梁燕立（阿梁）是我十几年前的好友。早在 2002 年 2 月，我们一同在沈阳世星国际饭店工作，我任总经理，他做行政总厨。

我和南方人打交道不多，因为有地域和文化的差异，语言交流又不太顺畅，所以就保持着正常的工作关系。但是，经过一段时间的接触，我渐渐发现阿梁虽然言语不多，但为人很讲义气，性格也很豪爽，有一种北方人做派。特别是工作很认真、对厨艺很钻研，也乐于接受别人的建议，后厨管理得井井有条，我当总经理的都很少操心，慢慢地我们就成了能够推心置腹的好朋友。

在世星国际饭店合作期间，阿梁带领的厨师团队可是为饭店赢得了很多的荣誉。曾荣获首届中国沈阳美食节名宴展评“金鼎奖”、首届中国沈阳美食节“文化宴席奖”、首届中国沈阳美食节“名菜金奖”。为接待韩国著名演员安在旭莅临沈阳，他率领他的厨师团队创作了主题宴会“再叙（在旭）友情宴”，在美食节上受到了专家的一致好评。为此，评委们特别设立了一个“文化宴席奖”，这是前所未有的奖项。

由于阿梁勤奋好学、刻苦钻研、广纳众家菜系所长，并有自己的独到建树，2003 年 3 月中国饭店协会授予梁燕立先生为中国烹饪名师。同年 9 月，中国饭店协会又授予他为中国烹饪大师，当时阿梁仅 35 岁。后来，我们不在一起工作了，联系也不是很多，但是彼此都在牵挂。

2009 年 3 月，阿梁知道我应邀到杭州为先之国际酒店管理学院（最佳东方旗下）做教学录像，几次打电话给我，邀请我一定绕道去上海见一次面。当时阿梁被派到上海工作，为一个餐饮集团开办了一个雨打芭蕉火锅店。

那天晚上，阿梁坐地铁到火车站接我，他乡遇故知，自然欣喜万分。那几天，白天我们就待在火锅店里聊天，同时我也对火锅店产生了浓郁的兴趣。

那是世界性的金融危机时期，雨打芭蕉火锅店的生意却十分火爆。他们在店门前摆放了很多等位的椅子，这使我不可思议。经过观察我发现，这里的装修风格很独特，充满着海南的风情；菜品很精美，每一件都如同工艺品；价格很合理，等位的还可以享受折扣。说到这里，阿梁告诉我，客人等位是对我们的信任，但是时间成本要由饭店承担，这会赢得客人的信任。难怪这里的生意这么红火。

在我离开上海的那天早上，我坐在床上用笔记本电脑即兴打写了一篇文章，题目叫“阿梁、火锅、金融危机”。我想这个案例会给那些还在抱怨经济形势不好而徘徊在经营、创新、营销、管理大门之外的人们一个启示。后来，这篇文章被刊登在《中外饭店》杂志上。

在当天的庆典仪式上，为了表达我的心情，我把1999年8月在沈阳森林公园拍摄的一幅照片赠送给阿梁。这幅作品寓意着阿梁已经收获了累累硕果，同时，也预祝他“桃李满天下、厨艺传神州”。

通过这件事，我更加体会到了提高服务质量的重要性！

从根本上讲，企业对客户提供服务最终还是为了自己的经济效益能够得到提高，而且服务本身的性质也决定了这一点。虽然通过服务不能直接产生经济效益，但实际上通过服务使客户满意则可以产生经济效益，对此职业经理人必须有一个清晰的认识。

（一）重视礼仪礼节

接听电话、打接电话要使用普通话，拿放话筒时动作要轻，通话时语气要平稳、诚恳，音量适中，快慢得当。接电话时要先报出企业名称或自己所在部门，如：“您好，××企业”、“您好，××部”；若电话鸣铃时间过长，应在报企业名称后致歉说“让您久等了”。

对方要求找人时，应先问清对方姓名后并说“请稍等”；对方要找的人不在时，应询问是否找其他人代替或留话，通话结束时要说“再见”。

要随时准备便条纸，将对方的留言准确记录下来，以便事后处理。

（二）改善服务态度

无论是销售中，还是销售后，都应该有良好的服务态度，尤其是客户投诉，必须虚心听客户反映，将问题记录好，给有关部门协调，同时向有关领导汇报，在不违反饭店规定的前提下尽量满足客户的需求。解决好了，不仅能获得客户的认可，还有可能带来良好的宣传效应，提高产品的口碑，扩大销售群体，等于客户进行宣传。

（三）做好客户跟踪服务

不定期地进行客户回访很重要！可以让客户心存感激，让客户了解饭店非常重视他，增加饭店在市场竞争中的手段；也可以和客户进行必要的沟通，增加饭店的信誉度，以此增加饭店的竞争力。

（四）做好客户档案记录

一定要尽可能详细地记录好客户的全部资料，尤其是大的长期的客户。客户资料不仅包括客户的名称、地址、联系电话等基本信息，还要有客人的健康情况、喜忌，以及家属的基本情况，特别是身体状况、生日等，还应包括客户购买的产品数量、价格、合同执行情况、资金到位是否及时、有无不良记录等，通过对信息的分析确定此客户的忠诚度，饭店是否与其进行长期合作，也为饭店提供基础资料。

（五）做好客户投诉的处理

1. 进行客人投诉原因分析

（1）对硬件的抱怨，比如：设备老化、功能不全、噪声太大、热水不热等；

（2）对软件的抱怨，比如：员工态度不佳、收银作业不当、服务项目不足、现有服务作业不当、菜饭不可口、取消原来提供的各项服务等；

（3）对安全上的抱怨，比如：意外事件的发生、环境的影响。

2. 按饭店原则进行处理

为了使客人的不满与抱怨能够得到妥善的处理，在情绪上觉得受到尊重，将客人投诉的影响减到最低程度。

（1）保持心情平静。

（2）认真听取客人的投诉，主要包括这样一些内容：让客人先发泄情绪；善用自己的举止语气去劝慰对方，并了解客人目前的情绪；倾听事情发生的细节，明确问题所在。

（3）站在客人的立场为对方设想，比如：做好细节记录，感谢客人所反映的问题；提出解决方案；执行解决方案；客人投诉总结。

其实，客人投诉并不可怕，可怕的是客人有意见不投诉，但他却永远地离你而去了，你还浑然不知。据统计，不满意客户中有4%会向你投诉，另外96%不会向你投诉，但是会将他的不满意告诉16~20个人。其中：

（1）不满意但也不投诉的客人，有91%不会再回来，仅有9%还会回来。

（2）不满意但投诉后没有得到解决的客人，有81%不会再回来，仅有19%会再回来。

（3）不满意投诉过后，得到解决但速度较慢的客人，有46%不会再回来，仅有54%会回来。

（4）不满意投诉被迅速解决的客人，仅有 18% 不会再回来，却有 82% 会再回来。

因此，要正确对待客人的投诉，并要提高处理客人投诉的能力。

（六）提高员工素质

对与客人直接接触的人员要定期进行培训，比如：销售的沟通技巧、倾听的艺术、营销口才、大客户营销战略、企业信誉度分析等，加强管理各岗位员工的思想素质、服务意识，要求每位员工能尽职尽责的完成本职工作。

同时，组织员工学习各项专业知识，提高服务水平。加强监督，检查员工考勤、仪容、仪表及胸卡佩戴。首先，在工作中应严格要求自己，不迟到早退，不慢待客人，对每一位客人要做到微笑服务，着装整洁，遵守企业的规章制度，按工作流程进行计划。其次，将出现的问题以最快、最好的方式解决，解决不了的及时向领导汇报。

企业对客户提供服务最终还是为了自己的经济效益能够得到提高，而且服务本身的性质也决定了这一点。虽然通过服务不能直接产生经济效益，但实际上通过服务使客户满意则可以产生经济效益，对此职业经理人必须有一个清晰的认识。

建好质量“保障线”，质量不用管理

由于工作关系，涉及饭店建设的事情接触得也就多了。当我看到投资者在走弯路，在损失大量的资金时，就会感到万分可惜。

有一家饭店的老板这样对我说："当初，我以为建饭店就是先盖房子呗，有什么复杂的呀。我亲自找人设计，很快楼就建起来了。等到要装修的时候，我找来了饭店的专业人员。这些专家来了一看，说，饭店布局不合理，功能不全。我只好重新设计。土建都结束了，只好拆。这一拆，让我损失了五百多万元，还推迟了八个月才开业。"

还有一家饭店，投资了将近两个亿，本以为能达到五星级饭店的标准。可是客房的面积达不到五星级饭店房间面积的最低标准，结果失去了申报五星级饭店的资格。老板后悔不已。

还有一家饭店，土建之后找到我们管理企业，要研究装修的设计方案。我们到场一看，发现问题多得叫人头痛。首先，大堂的进深不够，如果安上转门，只要两步就迈到柱子了；其次，走廊过宽，房间的面积不是很大。一个较大的多功能厅，虽说没有柱子、是在顶楼，但是层高却是很低；管道安装的位子也不对。为了满足经营的需要，只好拆改，为此很多管道只好埋在了墙里。据这家企业的老板说，仅装修拆改这一项，损失就达二百多万元。

不过，我也遇见了一个聪明的老板。他拿到了第二套概念设计图后，经人介绍找到了我们。我们咨询小组经过十几天的工作，一共提出近百项的问题及修改意见，还有五十多条建议。应该说，这家企业还没有建设就避免了几百万元的损失。

饭店设计是一门科学，对饭店建设及营运成本高低、投资与经营成功与否关系十分重大。为什么会建设缺陷型饭店呢？其原因就在于，投资人凭空想象，缺少经验丰富的饭店设计师。

完美型饭店是设计者的艺术、理念，与经营者的实践经验的完美结合，产生于"一片平地"。饭店建好后之所以有缺陷，很大原因就在于缺少专业技术人员的指导、缺少对国家星级饭店评审标准的理解和把握。

即使是上面我提到的那家聪明的老板，设计完概念图就找到管理企业，他也走了一点儿弯路。他是委托一家建筑设计院设计的，图纸出来后老板没有看好，设计费白白付了三十多万元。

我的观点是，在形成建饭店意向的时候，不要急于设计，而是要找专业企业、专业人员现场对当地进行调研，研究饭店的定位、饭店应具有的功能、功能布局、饭店的建设思路以及今后的经营方向，有了基本的构思后才能设计。

为了避免土建结束后在装修过程中的拆改，我们建议要综合设计，就是在土建设计的同时，请机电设计院、装修设计院同时设计，并责成一家设计院来叠图。综合设计，平、立、剖的比照，针对相抵触的部分提出解决方案。这样，所有的机电管线的走向、管道的预埋、设备摆放等同时考虑才会安排得十分合理，甚至装修效果、家具摆放等都能预先充分考虑。这样才能减少土建后的拆改，大大地减少投资成本、缩短施工的工期。

最近，我接触了一家企业的老板，他告诉我："我们盖了一个两万多平方米的楼，当初想作为写字间出租，可是还想做饭店。反正楼是基本盖完了，你去看看怎么做好？"我来到了现场，发现这座楼土建基本结束了，房间也间壁了，管道也铺完了。可是，大堂的面积、走廊的宽度、走廊的高度、房间的面积、管道的铺设等都需要拆改，否则达不到星级标准的要求。还有功能缺项、布局不合理，客流、物流、员工流、信息流都不对。

写字间、公寓、饭店等，功能不同要求也不同。既然是新建的楼，为什么连定向都不清楚就盖呢？这不是眼睁睁地往里扔钱吗？所以，投资做事业，一定要慎重、要尊重科学、要尊重专家，千万不要花自己的钱来买教训！

投资做事业，一定要慎重、要尊重科学、要尊重专家，千万不要自以为是、千万不要花自己的钱来买教训！

“多加一盎司” 的服务

美国著名投资专家约翰·坦普尔顿曾提出的“多加一盎司定律”，就只是“多加一盎司”，所取得的成就和实质性内容就会有天壤之别。水温再升高一度就达到沸点，山再攀登一步就可达绝顶，横竿再上移一厘米就能刷新世界跳高纪录。就多那么一点，结果就迥然不同。“多加一盎司”其实是一个简单的秘密——在于不遗余力，比别人多做一点点。

星期天，李女士去商场选购衣服。她先来到某品牌专柜，服务员热情地拿衣服让她试穿。试衣间的凳子是小巧的圆凳，李女士想先挂上背包、脱下外套，可试衣间的墙壁上居然没挂钩，她只好把外套与背包放在凳子上，小心翼翼地坐下来，屁股只能占凳子的1/3。动作稍微大点，外套和背包险些掉下来，一套衣服试穿下来累得满头大汗。

李女士试好衣服走出试衣间，心中不爽，匆忙揽镜自照，不顾服务员唠叨，转身去试衣间换下衣服。相同的“不爽”再次重复，又是一身汗。

之后，李女士信步来到另一品牌专柜，这里有一套衣服的风格与刚才那套非常接近。服务员善解人意地问：“要不要试穿一下，看看效果？”这次，李女士有了经验，先推开试衣间的门看一下——正对门的墙上有一排亮晶晶的挂钩。李女士如释重负，点头试衣。进门先挂背包，脱外套，然后舒舒服服坐下来试衣服。李女士心情不错，穿上新衣服的感觉也不错，没有犹豫，当即付款买下这套衣服。

2007 年 2 月，我到江阴考察，中午我们在一家饭馆吃饭。当服务员送上来蟹肉包子时，微笑着说：包子里面的汁很烫，请注意不要烫着。当我看着那还在颤动的包子皮（因为包子里的汁很多），耳边还在回响着那温馨的提示，再看看服务员那背影，给我留下的印象至今不忘。

一样的服务质量，同样都是不错的品牌，只不过是试衣间多了几个挂衣钩，就赢得了客人，也就赢得了市场。

一样的包子、一样的口味、一样的价格，可就是因为一句温馨的提示，就让我至今不忘。

约翰·坦普尔顿把这一定律运用到他在耶鲁的经历。坦普尔顿决心使自己的作业不是 95% 而是 99% 的正确。结果，他在大学三年级就进入了美国大学生联谊会，并被选为耶鲁分会的主席，还得到了罗兹奖学金。

在商业领域，坦普尔顿把“多加一盎司定律”进一步引申。他逐渐认识到，只多那么一点儿就会得到更好的结果，那些更加努力的人就会得到更好的成绩，**那些在 1 品脱（容量单位）的基础上多加了 17 盎司的人，得到的份额远大于一盎司应得的份额**。

在商业界、在艺术界、在体育界，在所有的领域，那些最知名的、最出类拔萃者与其他人的区别在哪里呢？回答是：就多那么一点儿。“多加一盎司”——谁能使自己多加一盎司，谁就能得到千倍的回报。

在工作中，有很多时候需要我们“多加一盎司”。多加一盎司，工作可能就大不一样。尽职尽责完成自己的工作的人，最多只能算是称职的职业经理人；如果在自己的工作中再“多加一盎司”，你就可能成为优秀的职业经理人。

一次，到丹东考察，中午我们到丹东一家最好的酒楼用餐。在上了四道菜之后，我们点的海鲜烩汤就上来了。服务员按照礼宾次序，第二个为我上汤。就在我和大家交谈的时候，只觉得一股“热流”从我的后背而下。

我被烫得一“激灵”，这时服务员和随行的朋友都赶紧用毛巾为我擦汤。可是，人的动作再快也赶不上汤流淌的快。汤顺着我的后背淌到了裤子，一直淌到椅子上。服务员特别紧张，一再道歉，还询问我是不是烫着了。

要说不烫是假话，可是考虑到当时的气氛，我只好说，没事、没事。我看到这位服务员的脸已经红得像苹果了。

不多时，来了一位经理模样的人，她首先向我表示歉意。随后，就是给大家倒酒。我说，没有关系的，服务员很不容易。随后，我又说：“你不要批评她，还要表扬她。”接着，我阐述了理由。服务员在客人还没有投诉的时候就找来了经理，首先说明她不回避问题。如果等到客人投诉再处理，这就很被动了。

要敢于面对现实，有了问题不要回避，要及时向上级汇报，拖拖拉拉地处理投诉，只能使企业付出更大的代价。

“多加一盎司”在所有的工作中都会产生好的效果。如果你多加一盎司，你的企业的士气就会高涨，与同伴的合作就会取得非凡成绩。要取得突出成就，就必须比那些取得中等成就的人多努一把力，学会再加一盎司，你会得到意想不到的收获。

在现实生活中，我们经常听到关于优质服务或好服务的说法，有的认为奉客人为上帝，似乎就要无条件的满足客人，给客人越多越好。其实，服务的好坏往往是相对于客人对服务的期待而言的。当客人得到的对待低于其期待时，就是坏的服务；当客人受到的对待超出其期待时，便是好的服务；当你提供的服务，比客人期望的多一点点时，客人便会带着好感离开，你提供的就可以称为好的服务。

“多一点点”是很有趣的口号。试想一下：一对男女去餐厅吃晚饭，侍应生热情地招待他们，食物可口，餐具也很讲究。付账时，侍应生帮助他们穿上上衣。离开时，女士获赠一朵娇艳的红色康乃馨，作为两人光顾的纪念。许多客人对这种做法产生好感。

送一朵鲜花，以总结一个愉快的夜晚，是一个很高雅的待客手法。付出最多的企业不一定就可以生存。“你提供的服务比客人期望的多一点点”是一个很浅显的道理，却包含着极富奥妙的秘诀。不要承诺的太多而做得少，一定要承诺的少些做的多些！

如果你多加一盎司，你的企业的士气就会高涨，与同伴的合作就会取得非凡成绩。要取得突出成就，就必须比那些取得中等成就的人多努一把力，学会再加一盎司，你会得到意想不到的收获。

市场占有率不如回头率

任何一个人都是生活在社会中的自然人，虽说不是公众人物，可也都有一个圈子，有一个辐射的面。俗话说，人过留名，雁过留声；吐沫星子淹死人，就是说口碑是很重要的。如果一个人的口碑不好，那就什么事情都做不成。所以，做事情在很大程度上是给人家看的。

比如，参加追悼会，同故去的人告别，其实躺在那里的人并不知道你来看他了，而是站着的人看到了你的光顾。但为什么你还要去呢？就是用行动告诉人们，你同故去的人的关系，告诉人们你不是势利小人。这是在检验你的人品！

我们做任何事情都应该是这样，就是用行为来验证你的为人，而不是用语言来表白自己的高尚。我做人有些太实在，不太会鉴别好坏人，那我用什么方法来品鉴一个人呢？我就看他是怎么对待别人的。

当年我在国有企业任职时，班子成员大多都离退休了，有的调离了。我就观察围着我转的人，对离开的人是个什么态度。那种人走茶凉、两面三刀的势利小人一看就知道。我觉得，这种人对待别人这样，到头来对我也是这样，是需要提防的人。

在实际工作中，做的每一件事情都不要简单地看待就是一件事、面对的是一个人，都应该看作是这件事情背后的一系列的事，面对的是一个群体。人们不会听你的自我表白如何如何，而是通过你做的事情来给你做出结论。

这就是我所说的“追悼会”原则。

每一位客人的背后，都有很多名亲朋好友同事等，如果你赢得了一位客人的良好口碑，可能会赢得多个人的好感。现在的客人购物往往货比三家，你得罪了一位客人，也就意味着你忽视了其背后多位客人所带来的负面效应，你的竞争对手也就多了一位客人。

在我任总经理期间，结识了很多忠诚的客户，我们彼此之间都成了好朋友。在一次与客户的交谈中，得知魏先生正在为父母筹办金婚庆典仪式，我就安排营销部的经理向他了解具体的想法和安排。魏经理说，我不用打折，只求办好，金婚庆典是难得的大喜事。

在金婚庆典这一天，我们一切都是在尊重魏先生意见的基础上做的安排。在仪式进行中，营销经理走上舞台，她大声地说，今天是魏先生父母亲的金婚纪念日，在这大喜的日子里，我受总经理的委托，向二位老人献上一份礼物，祝二老幸福健康长寿。这时，两位礼仪小姐手持一幅摄影作品走上舞台。这是我2000年春天在杭州西湖拍照的。夕阳下，一条小船在水中荡漾。作品的右上角还有我特意写的一首小诗："人生不过几春秋，荣华富贵何所求。恩爱如宾度岁月，金婚更赛夕阳红。"

其实，饭店的经营就是经营客人的心。客人的心经营好了，就有回头率，就有市场占有率。

所谓客人回头率是指，企业的客人再购买的次数，反映了企业对客人的保持能力以及客人对企业的忠实度。提高客人回头率，保持已获得的客人，对企业来讲，是极为关键的。没有客人，企业就无法经营。企业得到的客人总是有限的，为了扩大经营场所，不断提高经济效益，就必须在争取新客户的同时，加强巩固对老客户的服务意识。

要提高饭店的效益必须增加客人的回头率，巩固客人的忠诚度。留住客人的方法有以下几种。

（一）记住客人的长相和特点

一位酒店的总经理曾这样记录了他的服务心得：

每位进店的客人当他们跨进门店的那一步就要仔细打量他，记住他的长相或他的特点。在客人下次再来时，会认出他，甚至在某天路过他们店时，一定与他点头笑着说："你好！"而客人也会很自然地点头回应。

当他第三次来时，我会像朋友一样与他交谈，并让客人记住我。

当他第四次来时我会很主动热情地以美女、帅哥、阿姨等称谓很亲近地与他打招呼，让客人感觉到我是值得信任的朋友亲人，与他聊聊家常，想尽一切办法让客人能在店内多留一会儿，增加购买机会。

（二）建立客人档案，为客人“暖心”

客人档案的建立对饭店维护老客户尤其重要。对于长期健康经营的饭店来讲，其客人人数一定是上升的，即使服务员的记忆力再好，也不可能记住每一位客人的姓名、年龄、职业、喜好习惯等，而这些又极其重要。因为只有记住这些，才能在为客人服务的过程中做到更加细致，而且针对性的营销也更容易成功。

一次酒店开餐的时候我到餐厅巡视，正好赶上一个做房地产企业的老板过生日，我就走了过去。这位老板对我说：“今天一上班，我就接到你们餐饮总监王晓晴发给我的生日祝福短信，这不今晚就到你们这里过生日了。要不是王总监发的短信，我连自己的生日都忘记了。”

为过生日的客人发祝福短信是王晓晴总监坚持了多年的做法。

所以，建立客人档案就是要建立客人与酒店的感情，这种做法不可忽视。

（三）用“优惠”服务留住客人

在建立客人档案的基础上，按照不同的客人类别，可以设立并赠送积分卡、贵宾卡和会员卡等卡种。这些卡虽然形式不同，但起到的作用从根本上是一致的，能够给客人带来尊崇感，并让客人享受一定的优惠。

其实，很多时候，优惠也可以直接给予，而不通过卡来体现的。但用不用卡的区别在于给客人带来的感觉不一样，用卡会让客人感觉自己享受到了一家正规品牌饭店的尊重；而不用卡，则会让客人认为自己消费的是一家非常庸常的饭店的产品。

（四）为客人提供优惠等信息

不断地为客人提供产品信息，会让客人认为饭店的产品一直在更新，可以增加客人对饭店的认同感。而优惠信息的传递，则能够直接增加客人的进店率和消费量。当然，此项工作需要长久坚持。

（五）从细节入手提高服务质量

让客人享受阅读、音乐、视频、茶水、游戏等一体化服务，享受消费带来的满意与舒适。为了赢得客人的欢喜，饭店还在不断地将服务外延。增加看似与饭店不搭界的项目，以赢得客人的喜欢，换回一个回头客。

细节的服务可以成就客人对品牌的印象和忠诚，围绕客人的消费行为，饭店应该做好包括信息传递、消费引导、犹豫等待、成交付款、后期维修等各方面的细节服务，使客人在消费的全流程自始至终都享受到热情。

在从细节入手提高服务质量的工作中，济南的山东大厦给我们做出了很好的榜样。他们提出的Love式，使所有的客人都感受到像亲人一样的温暖。我们是冬天去考察的，女同志都穿着高筒靴。可当你出去回来时，你会发现本来是躺着的靴子服务员用废报纸卷成筒插到了鞋子里，靴子都站起来了。

写给职业经理人

做任何事情都应该用行为来验证你的为人，而不是用语言来表白自己的高尚。我做人有些太实在，不太会鉴别好坏人，那我用什么方法来品鉴一个人呢？我就看他是怎么对待别人的。俗话说，细节决定成败。其实在饭店的服务中体现的最明显，如服务员的一个眼神、一个口气、一个微小的动作，都会在客人的心里产生不同的感受。

第六章 / 踩上消费者需求的鼓点儿

饭店都有一套服务用语，是要求所有员工都会应用的，但不要死记硬背，要根据不同的对象灵活地应用。其实，客人并不喜欢公式化的服务用语，饭店服务人员要在使用标准的服务用语的基础上因人而异。

不同阶段有不同的消费需求

随着国内旅游市场的快速发展，酒店业也得到了迅猛增长。面对激烈的竞争，如何吸引并留住消费者，是酒店必须要考虑的一个问题。

对酒店业来说，消费者需求是经营活动的出发点和归宿。酒店只有在认真分析研究消费者的需求动机的基础上制定相应的营销策略，才能吸引更多的消费者，获得经济收益。

一般在研究人的需求时都会用到一个很著名的理论，就是马斯洛的需求层次理论。按需要强度的顺序，马斯洛把人类需求分为五个不同层次：

（1）生理的需求——是一切需求中最基本的需求。

（2）安全的需求——生活的保障、身体的健康。

（3）社交的需求——人际的交往。希望与人建立良好的关系。

（4）尊重的需求——名誉、地位、权力的需求，受人尊重与羡慕的需求。

（5）自我实现的需求——自我价值的实现是人们最终的需求。

不同类型的消费者对于酒店的需求是不一样的，根据这个理论，酒店消费者的需求动机大致可以分为以下几种：饮食方面的需求、身体健康的需求、社会交往的需求、得到尊重和显示身份地位的需求。

消费者的需求是酒店生产经营活动的出发点和归宿！酒店只有合理定

位消费者人群并且认真分析消费者的需求，不断提高服务质量和完善设施设备，满足消费者的多样化需求，才能留住消费者，增加酒店经济收益。现在，我们就来说一下餐饮和客房的消费需求。

（一）客人对餐饮的消费需求

客人在用餐过程中存在着不同的心态类型，如对环境的要求、求尊重、求快捷等，这些要求都会在消费前、消费中和消费后得到不同的体现：

1. 满足消费者消费前的心理需求

在消费者决定去酒店用餐前，会考虑很多因素，而酒店的位置与环境、菜的口味、卫生、价格则是影响客人决定到哪家酒店用餐的重要因素。

（1）位置与环境

餐厅位置是消费价位的间接反映，好的地段肯定在价格上同其他地段有区别。

舒适的环境，不仅能营造出一种食客就餐的氛围，也可以让其得到享受和尊重感。

（2）菜的口味

餐饮消费者的目的是品口味、品特色，要想延长餐厅的生命周期，在菜的口味上就要特别、特别，再特别。

（3）卫生

清洁的餐厅可以唤起客人的食欲和心情，这也是客人选择在哪家餐厅进餐的前提。清洁的形象会给消费者留下美好的印象，当其选择时会把第一印象好的餐厅纳入考虑范围之内。

（4）价格

客人永远都会关注价格质量，每个客人都希望价格合理、公道。如果能让客人感到物超所值，客人更会喜出望外，感到惊喜！

2. 餐饮消费过程中的需求

消费者选定了餐饮消费地点后，在用餐过程中，会产生个人满足感、周到的服务和招待等需求。

（1）求尊重心理需求

主要包括四个方面的内容：一是受到礼遇，在服务过程中能得到服务员礼貌的招呼和接待；二是得到一视同仁的服务，不能让任何一位客人感觉受到了冷落或怠慢；三是愿意被认知，当客人听到服务员能称呼他的姓名时，他会很高兴；四是对客人人格、风俗习惯和宗教信仰的尊重，以获得心理和精神上的满足。

（2）方便快捷的心理需求

消费者一般都希望在就餐过程中要尽量减少等候时间，客人到来的时候要及时为其引坐，及时添加酒水，提高上菜速度，快捷结账。

（3）良好服务态度的心理需求

灵活性，在服务过程中要随机应变，投其所好，满足不同客人随时变化的个性需求。

超常化，要打破常规，标新立异，别出心裁，推陈出新，让客人有一种意想不到的感觉和经历。

（二）客人对客房设施的消费需求

随着饭店业的发展，很多城市的饭店已经出现了严重的供过于求的问题，市场竞争进入了白热化。饭店业在保证原有客房的基本功能的基础之上，要全方位地体现出人文关怀、舒适环保、高新科技、时代气息。

（1）客房以网络为中枢神经，对所有电器设备进行掌控。如网络浏览、收发传真、远程登录、液晶电视、环绕音响等。把过去商务中心的很多功能搬进了客房，就会为商务客人提供便利。

（2）采用高科技的器材，如智能马桶、液晶电视、电视门窥镜、双层遮光电动窗帘、供客人自带设备使用的多媒体连接器等，提高入住的安全水平和服务水平。

（3）采用房门隔音装置和多种房间隔音防噪技术、自然多流向淋浴花洒喷头、新型客房专用高强电视机、高品质多功能迷你音响、浴室电视机等，提高客房入住舒适程度。

（4）增强对人体健康的理念，客房卫生间要根据生态节能客房特色的要求，将暗卫生间改为明卫生间，采用自然采光，客人进客房或卫生间无须开灯。

（5）增强客人的安全性和保护客人的隐私，不仅可以采用可视门禁系统，还可以使用智能调光玻璃。同时，还可以在浴室与卧室之间安装智能调光玻璃。

（6）在化妆区域，可以专门为宾客设计一种“美甲干燥”功能键，让女客人在最短的时间内完成美甲的干燥。

（7）“个性化”服务就是服务质量的灵魂，要为客人提供更加富有人情味的、突破标准与规范的“个性化”服务。

（8）在建设、经营、管理和服务等方面，除了为残疾人提供无障碍服务以外，要充分考虑老年人的需求特点，向他们提供能够满足其特殊需要的服务设施和服务项目。

（9）在21世纪，人们将更加注重自身的安全与健康，因此，客房服务和管理中要采取各种有效的措施和手段，防止恐怖活动、各类犯罪分子、艾滋病以及各种新、旧类型传染病等对客人的侵害，确保客人在酒店住宿期间的安全与健康。

服务是我们随时随地向客人出售的无形和无价的商品，是

我们用知识、技能、智能、品格来满足客人的需求。随着社会经济的发展、人们生活水平的提高、科学技术的进步，客人对客房的需求也发生着变化，因此，酒店的经营者要踩上消费者需求的鼓点儿。

消费心理是改进服务的指南

在竞争日益激烈的今天，饭店总是希望能够借助一种方法，将自己的特色展现在客人眼前。可是，只有对客人心理有了清晰的了解和完善的把握，才能在最大限度上满足客人的需求。只有把握客人的需求心理，才能在对客服务中起到事半功倍的效果，因此，打好“理念战”“心理战”是饭店赢得竞争优势的必经战役。那么，饭店客人常见的心理都有哪些呢？

（一）放松心理

随着都市节奏的加快，在大城市生活的许多人都愿意选择假期外出度假，让自己得到放松和休息，摆脱城市的喧嚣，因此他们更希望饭店为他们提供安静、优美的休息环境。

王先生平时工作很忙，只有在节假日才能休息。好不容易到了“五一”黄金周，他们全家决定外出度假。但这个假期并没有给他们带来安宁，因为他们下榻的饭店整天都可听到舞厅的迪斯科音乐，这次度假令他们非常不满。

因此，饭店在进行结构规划时，应将客房安排在远离娱乐项目的场所，否则就会失去大多数的度假客人。

（二）体验心理

外出旅游度假也是一个求新、求奇、求异的过程，越来越多的旅游者都在追求获得体验的感受。他们喜欢寻求体验、刺激、冒险和探索，力求满足自身对世界的好奇心。

高考结束后，李先生和家人一起出去旅游。这天，李先生懒洋洋地躺在饭店看电视。打扫房间的服务员在与他寒暄中了解到他感觉非常无聊，便建议说："我们度假村新开了一个水上大世界，听说特别刺激好玩，今天天气不错，去玩水吧！"李先生听得有些心动，随后，他立刻换上泳装，来到水上大世界，那次的经历给他留下了美好的回忆。

从该案例中我们可以看出，为了吸引更多客人，饭店不仅要提供基本服务，还要设计并组织好多项娱乐体验活动，并做好配套宣传工作，让更多的旅游者在享受休闲度假的同时，享受到一种独特的经历和体验。

（三）方便心理

客人出门在外，更渴望得到家庭般的温暖，而饭店是客人的家外之家，应为他们提供如同在家一般的方便。

一天，饭店服务员在为一位外国客人做夜床时，发现鞋篓里有一双沾满泥土的脏皮鞋。于是，她便用湿布将皮鞋擦干净，上完鞋油后放回原处。后来一连几天都是这样，客人被服务员毫无怨言而又有耐心的服务所感动，在第九天将10美元放进了鞋篓，而服务员则和往常一样将皮鞋刷洗干净，没有拿这笔小费。该饭店通过细致入微的服务，不仅为客人提供了方便，还赢得了来自世界各地客人的称赞。

（四）求助心理

客人出门在外，难免会遇到紧急情况需要帮助，例如，已经退房的客人将皮包遗留在曾住的房间，要求帮助寻找；客人房间的电器出现问题需要维修；客人突发急病需要治疗；客人对该城市不熟悉，需要引路等。在这类情况下，客人的心情是急切的，如果饭店能及时提供周到的服务，定能给客人留下深刻的印象，赢得更多的忠诚客人。

（五）尊重心理

每个客人都是在一定的文化环境中成长生活的，因此他们的价值观、生活方式、消费心理等都是不同的，这些都应该受到尊重。比如：对人格的尊重、社会文化的尊重、宗教信仰的尊重等。

一对穆斯林教徒夫妇到饭店之前一直忐忑不安，因为一般饭店很少会有他们惯用的穆斯林特色的各种祈祷用品、装饰品和清真菜。然而，当看到服务员带着专门为他们准备的新房和做祈祷用的用品后，他们所有的担心都不复存在了。饭店还为他们特意准备了清真菜，他们为饭店的真诚服务所感动，在留言本上留下这样一句话：“在这里住就像在家里一样，如果有机会，我们将在庆祝结婚纪念日时，再次享受这些美好的日子。”

饭店对穆斯林教徒夫妇宗教信仰的充分尊重，为饭店赢得赞扬并树立了良好口碑。

（六）公平心理

一家饭店销售部与两家企业签订了不同价格的双标房合同，即甲企业签订的双标房是 360 元/（间·天），而乙企业的是 430 元/

（间·天）。恰巧的是，这两家企业的业务员有业务来往，无意间发现双方入住的同一家饭店，同一咨询房价，乙企业感觉到非常不公平，为什么甲企业要少70元？

随后，乙企业便找饭店销售部经理了解情况，经理解释道："甲企业的低价是有前提的，要保证该企业每年的入住间数和消费水平达到一定数量。"同时，他们还保证说："如果乙企业能给予同样的保证，他们的价格将与甲企业一样。"乙企业负责人考虑到本企业客人不够稳定，无法给予保证，于是价格之事就没有再提。

这则案例告诉我们，当客人感到受到了不公平的对待时，饭店员工应从客人的角度出发，安抚客人，并做出合理解释，这样才能及时挽回饭店声誉，留住客人。

我曾阅读过日本著名酒店管理专家石仓丰先生著的《酒店服务管理》一书，在书中有一段话，我把它翻译过来：**"无论是腰缠万贯的富翁，还是一贫如洗的百姓；无论是金发女郎，还是步履蹒跚的老翁；无论是白种人，还是黑种人；无论是长者，还是儿童，都要公平对待，使客人感到人格上是平等的。"**这就是说，追求公平是人们的基本心理。

（七）理解心理

一天，一家饭店迎来了一位脸色苍白、萎靡不振的香港客人，到第二天早上10点客人都没露面。服务员非常担心，便前去了解情况。果然，客人由于旅途劳累，旧病复发，四肢无力。经医生诊治，只用喝些中药便可。按照饭店规定，客房是不允许生火的，客人有点着急了：中药在哪儿熬呢？

没想到，客人的担心立即得到饭店的理解。餐饮部特地派人买来药罐并指定专人负责煎药、送药。在客房部与餐饮部的通力合作下，第8天，客人的病痊愈了。客人找到饭店经理，万分感激地说：“我永远都不会忘记饭店对我的精心照料，下次来内地我一定仍然住你们饭店。”

这则案例告诉我们，饭店规定固然是硬性的，可是客人的身体健康更是首要的。当客人遇到生病或紧急情况时，我们去理解，支持并帮助他们，我们也会得到相应的理解和尊重的。

（八）安全心理

一次，地产商周先生参加了某个城市举办的一个重大的房地产商业竞标活动，入住当地的一家五星级饭店。刚到饭店，周先生就叫助手把企业的竞标书用饭店提供的传真机传给了主办单位，但是传真后，由于助手的疏忽，把原稿留在了客房。很快，收拾客房的服务员在整理房间时便在无意中发现了竞标书。她了解到参加投标的三家企业的竞争关系，于是就偷偷地把竞标书以高价卖给了其中一家竞争对手。这样，周先生企业的商机秘密就被泄露出去，导致投标失败。

客人入住饭店，尤其是商务客人，通常会在饭店进行一些商务活动，这些活动许多都存在有商业秘密，如果在饭店将其商业秘密泄露，可能会造成其严重的经济损失，正如案例中周先生一样。如果饭店服务人员职业道德和个人修养缺失，就会泄露客人商业机密，触犯客人利益，对客人的安全构成威胁，因此饭店要规范员工的行为。

（九）忌讳心理

很多客人都是来自不同国家和地区的，因此形成了不同的生活习俗，形成了不同的忌讳心理。例如，西方人最忌讳的数字是13，我国部分省市则忌讳数字4等，饭店应特别注意。让我们来看个案例：

为庆祝20周年结婚纪念日，一对美国夫妇来到上海度假，希望感受一下浓厚的东方文化。当晚，他们便入住了当地有名的一家大饭店。可是，当接到客房钥匙牌时，他们脸色顿时改变，露出了不悦神情，并坚持要求换房。原来，他们被安排在13号房间。

前台服务员由于不了解情况，还不断向他们推荐："13号房是我们饭店里最好的客房之一。不但面朝海景、景色优美，而且舒适宽敞，我相信你们看过后一定会很满意的。"美国夫妇听到此话，感觉非常失望。

这时候，饭店赵经理经过，看到了这一幕。他查看了客人的登记表，发现他们是美国人，于是便明白了他们换房的真实原因。最后，立即向他们道歉并为他们换了房间。

从此案例中我们发现，饭店一定要让员工了解各个主要国家、主要地区的习惯和民俗，要针对不同国家、地区的不同民族提供不同的服务。

（十）矛盾心理

一天中午，一位离店客人结账时拿了四个饭店衣架，其实这些衣架并不属于赠送品，而这一点他却一概不知。前台服务员发现了，制止了他，但有碍于面子，客人坚持不肯退还，说："有的饭店洗衣后都奉送衣架，你们凭什么说是私拿？"

大堂副理了解到客人的矛盾心理，想出了一个既不伤客人面子又给客人台阶下的办法：

首先，他微笑着走向客人，并问："我能帮助您吗？"这样，就在无形中拉近了与客人的距离，为问题的解决奠定了基础。然后，他说："有些是饭店洗衣时奉送的衣架，但我们饭店尚未实行。"就这样，巧妙地向客人暗示衣架在本饭店是非赠品。

之后，他又说：“我可以向总经理建议，以后有可能会执行。您的衣服一定比较怕皱，所以才用衣架衬着，拿出来也不大好。不如您付成本买下这四个衣架。”并对账台说：“不要加别的费用了。”这样就给足了客人面子，最后，双方皆大欢喜。

在服务工作中一定要考虑把面子留给客人，即使问题出在客人身上也要注意把面子给足客人，因为客人永远是你的客人，得罪了一个客人，饭店损失的不只是一个客人，可能是十个、二十个。

（十一）发泄心理

饭店对客服务中，如果客人的需求没有得到满足，或没有享受到优质的服务，客人难免会对所提供的服务不满意，此时，客人需要得到发泄，饭店就会接到投诉。因此，如何处理好投诉，使客人从不满意转为满意，或是减轻不满意的程度，是所有饭店面临的课题。

其实客人投诉并不可怕，处理好一件投诉，可以使坏事变为好事。因此，我们要学会如何处理好客人投诉。

（1）要做好接待投诉客人的心理准备，不要惧怕和回避。

（2）要设法使客人消气，比如，找一个环境宽松的地方，客人的心理就会发生变化。

（3）要认真倾听并做好记录，这样会使客人感觉到你很重视他。

（4）要对客人表示同情理解和道歉。

（5）要对客人反映的问题立即着手处理，处理投诉越快，问题越好得到解决。

（6）要对投诉的处理结果予以关注。

（7）要将解决投诉的结果向客人反馈。

（8）要再次征询客人的意见致歉与致谢。

（十二）特权心理

在客人潜意识里，普遍有一种要享受特权的愿望，这种特权表现在："我是客人，我需要你为我提供服务，我有权享受服务，我有权提出任何要求"等。此时，如果服务员用友好、热情的态度对待客人，客人的这种特权愿望就可以得到满足；如果服务员没有微笑、态度不好或对客人的要求不理不睬，就会使客人感觉到饭店没有尽到其义务。在这种情况下，服务员任何一个小的服务过失，都会导致客人对饭店的强烈不满，容易失去客人。

面对客人的各种消费心理，饭店服务员要做到充分了解和尽力服务。这些心理在实际饭店服务中常会交互出现，而且每次出现的状况总是不尽相同。因此，饭店员工要事先做好充分的心理准备，并且具有随机应变的能力，这样才能在众多饭店中脱颖而出，赢得胜算。

标准化是服务的基础

服务的标准化可以从不同的角度和侧面细化进行，现在我们就从以下两个方面进行讨论：一是服务流程层面，二是提供的具体服务层面。

（一）服务流程标准化

服务流程标准化着眼于整体的服务，采用系统的方法，通过改善整个服务体系内的分工和合作方式，优化整个服务流程，从而提高服务的效率，寻求服务质量的保证。

客人在接受服务的过程中，一方面希望获得专业化的服务，另一方面也希望得到极大的便利和人性化的体恤。所以，在进行服务流程标准的设计过程中，要从客人的需求出发，以向客人提供便利为原则，而不是为了企业内部实施方便等。

客人离开饭店结算时，饭店总服务台的员工要通知楼层的服务人员查房，一是查看房间的物品有没有短缺、迷你吧的酒水使用了多少，二是查看客人有没有遗失的物品。这是一个基本的流程，同时这也是客人常常投诉的环节，因为如果查房的时间过长，就耽误了客人的时间。

记得在一家饭店发生过这样一件事情：

一天早上，客人急匆匆地拿着行李到前台要求结账，服务员像往常一样，通知楼层服务员查房。这天偏巧是星期天，服务人员少，又赶上这个服务员是新来的员工，业务又不熟练，查房的时间就长了。结果，耽误了客人赶飞机，客人对饭店提出了严重的投诉。最后，饭店为了不影响自身的声誉，只好答应客人免费住一宿。

为此，为了化解这些矛盾，有些饭店就采用了免查房的办法，总服务台询问客人是否使用了迷你吧的酒水，提醒客人是否有遗留的物品，按照客人提供的情况快速结算，这就减少了让客人等待的时间，客人十分高兴。虽然饭店也承担了一定的风险，但却换得了客人的满意。

（二）提供服务标准化

服务通常是生产与消费同步进行的，饭店的服务在没有出售前是不能提供的，服务在生产的时候同时被消费。这种同步性也意味着有较高的客人参与性，服务的质量与客人满意度将在很大程度上依赖于“真实瞬间”的情况，如果能在这些“接触瞬间”提炼出可以标准化的部分，对企业本身而言无疑是一大挑战，同时也会成为服务的亮点。

“接触点”的服务标准化，主要体现为服务人员的仪表、语言、态度和行为标准等，下面重点讨论一下员工的语言、态度和动作标准化。

1. 服务人员语言标准化

在服务的过程中有效的沟通是特别重要的，如果做不到这一点，即使世界上最有效的服务思想也会烟消云散。这当然需要很多服务技巧，例如：服务人员要学会倾听、学会沉默，不仅要注重语言交流，还要注重非语言（肢体语言）交流，但其中适当的语言表达是非常关键的。

（1）服务人员语言标准，首先应该包括一些基本的礼貌语言标准，包括客人来了要说“欢迎光临”；客人离店时，讲“祝您愉快”或“欢迎您再次光临”；客人讲“谢谢”时，要答“不客气”等。

服务人员的语言标准还要根据行业不同的情况进行进一步细化规定。

在一次家具国际博览会前夕，一位教授针对营业员往往急于向客人推销产品的现象，为一个家具企业设计了服务员与客人沟通时的标准语言。要求当客人进店时营业员不要推销，而是先询问客人住宅有多大面积？家庭装饰是什么风格的？喜欢现代型的还是传统型的家具？需要购买哪种档次的家具？将这些问题了解清楚后，再按客人的实际情况为他做“量身定制式”的顾问推荐。博览会结束时，这家企业的订货量比往年多了好几成。

正是这种标准化的前期询问使服务人员能够更好地把握客人的真正需要，并将客人需要的每一个细节都考虑进去，为后期的定制化服务做好了准备。

（2）服务人员要将一些专业知识语言以客人追求的利益诉求方式传递给客人，即将产品或服务的属性转化为功能或情感利益，使客人能够更加明确地把握产品利益。比如：梅塞德斯表现出的“耐用”可以转化为“车会持久的保持新面目，而且几年不用买车”，其价格的“昂贵”可以转化为“车帮助主人体现了尊贵，并且会带来周围人羡慕的眼光”，这些功能利益和情感利益才是客人真正需要的。

最近我乘动车到西安，车要到站时乘务员是这样对车厢里的乘客说的：“请各位旅客注意了，不要把贵重物品落在车上。”听到这样的宣传我就在想，贵重物品不要落在车上，那么不贵重的物品就可以落在车上吗？

因此，服务用语一定要标准，一定要准确的表达要说明的事情。

2. 服务人员动作标准化

服务人员在与客人的接触过程中，其动作是非常有必要进行规范的，即对服务接触过程中服务人员的动作进行标准化。这可以实现诸如 UPS 送货司机那样的高效率，更重要的是以客人所期望的动作标准来为其服务，在客人心目中建立一个良好的服务形象，尽可能避免由服务人员的经验动作而带来客人的不满。

通过对服务人员工作时动作的观察和分析，将那些会引起客人不满或误解的动作去掉，使剩余的动作都成为必要的良好的客人不会反感的标准动作。例如：

在酒楼前厅接待要站立服务，两手交叉在体前或交叉在背后，两脚成“V”字形或与肩同宽，身体正直平稳，客人光临时向客人鞠躬或点头问候；引导客人入座时向客人指示方向，行进中两眼平视，正对前方，身体保持垂直平稳，无左右摇晃、八字步和罗圈腿，走在客人的右前方或左前方 1.5 ~2 步远距离处，身体略微侧向客人等。

比如，服务人员不能够单指对着客人，这是对客人的不尊重。一次，饭店接到客人的投诉，就是因为新来的服务员用单指指向一位来自国外的客人。他投诉说，服务员用单指像手枪一样指向我，等于把我当作了犯人、坏人，这是对我人格的侮辱。最后，饭店经理只好出面来向客人赔礼道歉。

3. 服务人员态度标准化

服务态度是服务人员对客人的思想情感及其行为举止的综合表现，包括对客人的主动热情程度、敬重和礼貌程度。服务态度是衡量服务质量的一项重要标准和内容。

提到服务人员的服务态度，就必须要提到沃尔玛的微笑服务。沃尔玛重庆店开业，店内员工胸前都挂着现金，如果不微笑客人可以直接将现金取走。

对服务人员态度标准的制定、实施和监督可能不像对语言和动作标准化那么容易可行，但一定要具备统一性、可追溯性和可检验性。就是说服务标准要对服务的检验提供依据，使其具有可追溯性，这样才能达到服务的统一。

企业在向客人提供服务的过程中，在着眼于服务的整体、采用系统的方法、标准化服务流程基础上，根据行业特征和提供服务的特性从不同方面进行细节问题的标准化。当然，强调服务的标准化并不排斥个性化的服务，提供服务的企业可以根据内部条件和客人需求进行标准化和个性化的平衡。

写给职业经理人

客人在接受服务的过程中，一方面希望获得专业化的服务，另一方面也希望得到极大的心理满足。所以，在进行服务流程标准的设计过程中，要以向客人提供便利为原则，而不是为了企业内部实施方便等。标准化是基础，饭店对员工的训练一定要从标准开始，只有懂得了标准、掌握了标准才具有举一反三的能力。

提供个性化服务

个性化服务是一种有针对性的服务方式，根据用户的设定来实现，依据各种渠道对资源进行收集、整理和分类，向用户提供和推荐相关信息，以满足用户的需求。从整体上说，个性化服务打破了传统的被动服务模式，能够充分利用各种资源优势，主动开展以满足用户个性化需求为目的的全方位服务。

（一）餐饮服务十大推销法

大家可能都有这样的经历：你到饭店用餐，服务员拿着点菜宝或是站在你的身边一言不发地等待你的点菜。你不知道该点什么，服务员也不推荐你点什么，最后只好草草地点几个菜就算了。

在实际工作中，我对不同客人的需求做了分类，总结的“餐饮服务十大推销法”很有效果。

1. 生客人介绍品牌菜

第一次来的或不经常来的客人，一定要推荐饭店品牌菜、招牌菜。这样既是宣传饭店菜品的机会，又可以用招牌菜留住客人。既然是招牌菜，大多数客人一般都是可以接受的。

2. 熟客人介绍创新菜

饭店都有很多的常客、回头客，他们对饭店的菜品比较熟悉，对这类客人就要推荐创新的菜肴，介绍新推出的菜，使客人能够感觉到饭店总是在推陈出新，总有吃不完的好吃的，还会感觉到这家饭店厨师的技术力量挺强，很有创新能力。

3. 外地客介绍特色菜

喜新厌旧是人的本能，只有这样才能推进社会的进步。喜新厌旧表现在社会生活的各个方面，除了古董收藏以外，客人都有一个尝尝新鲜的习惯。到了一个地方，就想知道这个地方有什么好吃的。对外地客人你一定要介绍当地的菜肴，而不要介绍客人家乡的菜肴。特别是那些带有民俗的、带有文化内涵的菜肴，你一定要介绍。如果再能配一些古老的传说、民间故事，那就更是锦上添花了。

4. 家庭聚会介绍经济实惠菜

家庭聚餐要讲究经济实惠，求的不是档次而是氛围，就是家庭的温馨的氛围。顾的不是面子，要的不是样子，而是可口、能吃、好吃。还要注意介绍老少皆宜的菜肴。

5. 商务宴注意高中档搭配菜

这是要面子的应酬活动，要推荐造型好、档次高的菜肴。要突出重点菜，要讲究搭配合理。如果是公务招待，既要考虑用餐的标准，又要考虑突出特色，还要考虑不违反中央“八项规定”的要求。

6. 寿宴介绍酥烂清淡菜

现在祝寿活动越来越多。比如，有些地方有个民俗，就是正月初六，为当年过六十六岁生日的老人祝寿。平时寿宴也占一定的比例。寿宴是以老寿星为主的宴会。接待这样的宴会就要考虑适合老年人的特点，增加一些酥烂清淡的菜肴，或者是老少皆宜的菜肴。要考虑低糖、低盐、少油的保健菜肴。

7. 女士客人介绍酸甜美点菜

大家知道，许多女性都喜欢吃些甜食，或是酸甜口的菜，还有点心。在为客人推销或是制定菜品时，要考虑女士的饮食特点，安排一些酸甜口的菜。还有，一般来说，女士喝酒少，都说酒少费菜，那样你就要考虑安排些主食，还要考虑菜量。有经验的人都知道，比如，宴会，特别是婚宴，如果这张桌女士居多，菜量就显得有些少；要是男士居多，菜量就又觉得很大，因为男士把精力都放在喝酒上了。所以在安排桌时，也要注意男女搭配菜饭不费。

8. 人数少时推荐半例菜

请客时人少也是愁事，不好点菜。点多了吃不了，点少了没有面子。而一般在散台用餐的都是人数不太多的。这样，饭店要考虑到这部分人的特点，推出半例菜。半例菜按一例的70%收费。这样客人有了面子，还没有因为点菜多浪费，饭店的收益也不受影响。

9. 情侣用餐看女士点菜

现在情侣用餐越来越多，在饭店用餐，既有情调，也不张扬。从礼节上说，尊重女士的男士要体现出绅士的风度。在点菜时，男士要不断地征求女士的意见，服务员在推销时也要注意女士的需求，要多征求女士的意见，把女士摆到主人的地位上。女士高兴了，请客才有意义。“女士优先”的原则要随处体现。

10. 外宾（外地客）介绍地方菜

外宾也好，外地人也好，他们走南闯北识多见广，这时推荐地方的特色菜、饭店的特色菜是最合适的。人们都知道先入为主的道理。比如，外宾从广州入境，先是吃了粤菜，这样他就知道了什么是粤菜。如果到北方你还为他安排粤菜，他就会想，这也是粤菜？他会说，你的才不正宗。比如，你为法国人推荐法式西餐，那就一定要炸锅了。除了菜以外，包括酒水、饮料也要以地方的产品为主。

饭店都有一套服务用语，这是要求所有员工都会应用的，但不要死记硬背，也要根据不同的对象灵活地应用。

一次，一位常住饭店的日本客人找到大堂副理投诉。他说，你们的服务很好、很标准，但是我并不感到亲切。原来，他是一名常住饭店的客人，每天早上出去晚上回来。他早上出去的时候，门童就说："请慢走，欢迎下次光临。"他回来的时候，门童就说："欢迎光临。"

客人反映："门童的用语标准对待不常来的客人是可以的。但是，我已经在你们饭店住了很久了，门童总是这样说我就感觉没有亲近感。你们应该让我有'家'的感觉。"大堂副理这才明白了客人的意思。从此，门童见到这位客人，就改为"早点回来，注意安全啊。""回来了，今天有些冷吧？辛苦了。"客人十分高兴。

其实，客人并不喜欢公式化的服务用语，饭店服务人员要在使用标准的服务用语的基础上因人而异。

（二）对策思路

个性化服务与传统的标准化、规范化服务截然不同，因此，企业必须在制度设计上进行彻底的改进，即服务质量再造。服务质量再造是指，对企业业务流程做根本性的重新思考和彻底的重新设计，逐渐改善成本、高质量服务和速度等各项当代绩效考核的关键指标。

服务质量再造是对企业原有的基本信条、业务流程进行重新思考和重新设计，不是对原有组织进行修修补补，而是对企业运营方式的重大革命，也是企业制度的重新安排。通常要涉及这样一些内容。

1. 确定客户范围

职业经理人要根据所估计的客户的终身价值和吸引及保持客人所需成本进行成本收益权衡，确定"金牌"客户"银牌"客户及普通客户。个性化服务初期，首先对能给自己带来丰厚收益的"金牌""银牌"客户提供个性化服务，等条件具备之后，逐渐地扩大服务范围。

2. 健全各种信息

没有理想的沟通就无法实现个性化服务。在实际工作中，我们要从客人的预定来分析客人的需求和喜好、从客人消费中来观察和了解客人习惯和个性、从客人告别的一瞬间来观察和了解客人对饭店是否满意，把这些信息进行收集整理分析，有目的地为每一位客人设计接待应对方案。还有，通过各种网络来了解客人对饭店的评价，促进饭店质量的改进。饭店也要借助因特网，利用信息高速公路、卫星通信、声像一体化可视电话等多种技术全方位展示自己的产品、介绍其功能、建立征询系统，与客人实现有效的沟通。

此外，还可以通过企业现有营销网络加强与客人的沟通。中间商作为连接生产者和消费者的桥梁，在个性化服务中同样可以大有作为。

3. 建立完善的客户档案

企业应当把客人当作一项资产来管理，对每一位客人都必须设定直接的管理者，每个客人管理者建立自己的客户档案。

首先，档案的资料应有助于全面描绘客人的概况，不仅要反映客人的姓名、地址、电话、生日等情况，最好还包括其习惯、爱好、消费能力、消费档次等。

其次，档案必须是动态的，每一次与客户接触后，企业都要及时将这些信息输入到档案中，在客人不必言传的情况下，送上贴心的服务和建议。

最后，客户档案的信息应在企业内各部门之间得到充分的共享，这样才能实现真正意义上的个性化服务，提高企业效率和客人价值。

在我的身上发生过这样一件事情，使我至今都没有释怀。我第二次到这家饭店为我的客户订房间，可这次不巧我没有带身份证。服务员回答说："没有身份证是不可以的。"

这一点我也能理解，我就说："上个月我曾在你们饭店为客人订过房间，你们应该有记录的，请你查一下客史记录可以吗？"服务员查了一通电脑说没有查到。我说："不应该啊？"这时，服务员回了我一句："您要是正常入住的我们都有记载。"

我一听就火了，我不是正常入住难道还是非正常入住？最后，我一气之下再也不到这家饭店来了。因此，建立客户档案、整理好客史是十分重要的。

4. 进行个性生产

客人的需求是多样化的，俗话说"众口难调"。为此，在服务中一定要注意观察和分析客人的潜在需求，因为客人的许多需求是不会直接告诉你的。比如，客人有身体的不适，饭前要喝水吃药的多数是血糖高，你就要把餐前的茶水改为白开水，并且不要太热，因为他着急吃药，以便和大家一同进餐。

服务员还应通知厨房注意做菜清淡些，要少盐。比如，发现客人走路有些吃力，你就要想，客人是不是腰不好，是不是患有腰脱，你就可以征询客人的意见，是不是安排住硬板床。

一次，我们饭店接待了一位老同志，他的生活习惯就是爱吃列巴。根据年龄和身份我们就推断，这位老同志一定是在苏联生活过，经过交谈果然如此。后来，我们就尽力安排厨房为他做些俄式西餐。

一天早上，我走到这位客人面前，告诉他：今天中午我要亲自为您做两道俄式菜，您看怎么样？客人忙说，怎敢劳您大驾。我说没有关系的，请您检验一下我的手艺。客人说，要是这样中午我就在这里宴请几个朋友。这天中午，我为这位客人做了苏伯汤和俄式鸡肝卷，受到了在场客人的夸奖。

5. 实现制度创新

现代饭店从过去的大锅饭，改为了独立核算，从过去的福利性的发放奖金，改为了按劳分配、论功行赏。我们管理企业曾经为一家国有服务性的企业做顾问，经过调查发现这里还是大锅饭的做法，结果干多与干少奖金上没有区别，员工没有积极性，活多了还要抱怨。大家呼吁要改革，可这里不是经营性企业，不能像其他饭店一样与营业额挂钩，怎么办？用什么作为奖金分配的标准？后来我们想出一个办法，搞一个“模拟绩效考核”。

所谓“模拟绩效考核”就是在保证质量的前提下，以接待的工作量作为考核的依据来分配奖金。这项改革调动了企业员工的积极性，使员工的精神面貌得到了改观。从过去不愿意接受任务，转变为主动接受任务；从过去不愿意留客人，转变为主动留客人；从过去不愿意怕干活，转变为愿意多干活。因为，他们的每一项工作都与个人的收益直接挂钩。这就是我说的，一定要把企业的利益与员工的利益捆绑到一起，形成利益的共同体，这一定会增强员工对企业的关切度。

（三）个性化服务的四大关键

个性化服务要经历四个过程，也就是四个步骤，从低到高依次是信任、价值、情感和愿景。

第一步，信任——Trust

信任是托付的前提，这一点同样适用于销售。一个普通的接待任务，客户可能随意预订一个饭店就可以了。但是，重要的 VIP 接待，客户一定会把这个任务交给他信任的饭店，因为他担不起失败的责任。信任的含义是对人诚实、正直，信守承诺。对于客户的要求，不但要尽力完成，并且要完成的漂亮。

第二步，价值——Value

在建立了好感和信任的基础上，要让客户感觉到你的价值所在。你的价值不仅要对客户的业务有帮助，还要让你的价值成为客户个人的价值，这样客户的选择就必定是你了。当年，我们接待了一次政府的重要的国际贸易洽谈会，我们营销部的人员作为会务组的成员参与了接待。在工作中，我们从客人的需求出发，帮着客户完善接待方案，起到了会务组起不到的作用，受到了好评。

第三步，情感——Emotion

客户建立情感银行账户，这也是最终境界。如同真正的银行账户一样，你投入的越多，你能支取的就越多，当你的投入积累到一定程度之后，你甚至可以透支。而有别于真正银行账户的是，这种情感的积累需要从点滴做起，需要日积月累（情感建立的关键点就是你做了客人意想不到的事情，你不仅使客人满意更使客人感到惊喜，那就是打动客人心弦的服务）。

第四步，愿景——Vision

Vision 是一个企业更长远的规划、发展前景、资源互换的一种方式。远景和战略是此步骤的关键，股份、资源整合、共同的发展方向是衡量此阶段的标准。

了解这四个步骤，才能搞好客户关系，做好每一步的销售工作。

标准化、规范化服务是个性化服务的基础，个性化服务是标准化、规范化服务的升华。标准化、规范化的服务会赢得客人的满意，而个性化的服务会换得客人的感动和惊喜。因此，一个企业要持续增强竞争力，就需要服务质量再造，以此赢得客人、赢得市场、赢得效益。

步入经商不言商的境界

胡雪岩是中国晚清时期的一位传奇人物。他白手起家，凭借超凡的能力在中国商史上写下了灿烂的一笔。

胡雪岩出生于1823年，安徽绩溪人。少年丧父，幼时家境贫寒。为了养家糊口，作为长子的他经亲戚推荐，进钱庄学徒。三年师满后，就因勤劳、踏实成了钱庄正式的伙计。正是在这一时期，胡雪岩靠患难知交王有龄的帮助，一跃而成为杭州一富。

胡雪岩生逢清末社会大变乱的时期，他善于适应乱世，把握方向，发现成功与发财之道，成为当时中国最有钱的富商巨贾；胡雪岩替清朝政府向外国银行贷款，帮助左宗棠筹备军饷，收复新疆，慈禧太后赐他黄袍马褂，被人们称为“红顶商人”；胡雪岩奉母命建起一座胡庆余堂，真不二价童叟无欺，瘟疫流行时还向百姓舍药舍粥，被人们称为“胡大善人”，特别是他放长线、钓大鱼的友情投资，在他的一生当中起着重要的作用。

作为一个成功的商业企业家，胡雪岩有着过人的商业谋略。他十分注重“势”在自己商业经营中的地位，他在商不言商，而是花费很大精力去作势。他一生的商业活动就是从构筑官场势力开始的。他通过资助王有龄、黄宗汉、何桂清、左宗棠这些地方官吏和朝廷重臣，通过为他们出谋献策，出资出力，把他们的功名利益与自己紧紧地联系在一起，从而达到一种“一日不可无雪岩”的效果。

“卖啥吆喝啥”是一句老话；“经营的目的在于获利”也是天经地义的信条。然而在当今，那种传统的经营方式、那种经商言商的做法，越来越显得苍白无力。

情系昆仑　昆仑有情

这是我们管理团队（李双洋、王斌、何喆、那长溪等）策划的一个成功的“经商不言商”的案例。

某年7月7日的早晨，七十多名不同身份、穿着随意、以各种交通方式从盘锦的四面八方汇集到盘锦昆仑大饭店。进入饭店不多时，他们又魔术般地戴上了白色的遮阳帽，穿上了清一色的绿色T恤衫，上面写着“情系昆仑之旅”。他们排成整齐的方队，在这里举办“情系昆仑之旅”的起程仪式。

6：30，仪式正式开始，首先作为昆仑大饭店总经理，我发表了热情洋溢的讲话：来自盘锦各行业的精英们、给予昆仑大饭店鼎力支持和关爱的朋友们，昆仑开业已经两年多了，我们从起步到逐步成熟，离不开社会各界朋友的支持，因为有了你们才使昆仑月月上台阶、年年迈大步，今年上半年又刷新了开业以来的各项指标。今天我们请大家来去千古大凌河塞外第一漂旅游，就是要让我们之间的友情像河水一样源远流长。

接着授旗仪式开始，三名礼仪保安穿着保安礼服，迈着铿锵有力的正步进入会场。他们把一面鲜红的旗帜交给了我，一位年长的李老先生代表嘉宾受旗，他接过旗帜兴奋地在空中挥舞了三下，这时场上响起了一片掌声。印有“情系昆仑之旅”的旗帜在太阳的照耀下，鲜艳夺目。

一位哲人曾这样说过，傻到极限是聪明。饭店业的竞争是十分激烈而无情的，可当人们都在大打价格战、广告战、猎奇战和拼硬件建设的今天，昆仑大饭店却举办了这样一次别开生面的“情系昆仑之旅”的活动，不失为聪明之举。

在去往大凌河的路上，饭店的一名工作人员刚要介绍饭店的设施，被一同坐在车上的我当场制止，我说，本次活动禁止做广告，这会冲淡我们之间的友情。

就这样，一天的活动大家是在欢歌笑语中度过的，是在纯洁的情谊中度过的，没有一点点的商业气息，更没有一点点的铜臭味。人们不禁为我的标新立异所折服。

与国际接轨的今天，企业竞争靠的是真情实感、靠的是品质，那种同行是冤家、降价似乎就可以打赢天下无敌手的观念早该下课了。“经商不言商”是一种人生境界，不刻意地把自己定位在商人的位置上。在做任何一个生意的时候都是抱着服务大众的想法，而不是只看着自己的利益，这样一定会达到有心种花花不开，无心插柳柳成荫的效果。

“经商不言商”是一种人生境界，不刻意地把自己定位在商人的位置上。在做任何一个生意的时候都是抱着服务大众的想法，而不是只看着自己的利益。正确的心态，如同一面镜子，会客观、公正、积极地看待客观事物。错误的心态如同一面哈哈镜，会主观、扭曲、消极地看待客观事物。心态决定着行为，行为决定了人生。

第七章 经营上由硬到软的飞跃

在做『德性与做人、做事』的培训中，我就反复强调，我们要做到当面的职业道德与背后的职业道德相统一。做事不仅是让人看的，还要用良心去衡量。

从为了利润到为了客人

说到客户服务，沃尔玛为我们做出了表率！

在沃尔玛，讲得最多的两个字就是“跟进”，沃尔玛员工必须遵守的最基本的原则是“日落原则”。沃尔玛认为，所有事情都要从客人的角度考虑，在繁忙的劳作中，沃尔玛的工作与客人的需求是相辅相成的，所以及时跟进，在日落之前将事情做好是沃尔玛的准则。

无论是跨国企业的电话，还是卖场内客人的求助，沃尔玛都要求员工在第一时间内予以帮助解决，并且争取超出客人的期望。例如，在卖场内，如果有客人询问某商品在哪个货架，沃尔玛要求员工不能说“我现在很忙，没有时间”，或者指引他该向左走还是向右走，而是要亲自将客人带到该商品所在区域。

客人下午茶。沃尔玛会定期邀请社区客人到店里做客，一边喝茶聊天，一边征询客人对沃尔玛的意见和建议。沃尔玛非常珍视客人的购物感受，只要是企业能做到的，都争取在最短时间内予以改善。曾经有客人提出，沃尔玛寄包柜太少了，根本不够放，商场立刻就把寄包柜从200多个增加到了500多个；客人反映厕所洗手间标志太小了，沃尔玛马上挂出了较醒目的大标志；开业之初客人嫌空气不好，沃尔玛就进行了两次通风设施的技术改造。

客人的满意是沃尔玛客人服务的基本标准，200%满意是沃尔玛超出期望之举。此外，沃尔玛还是12315的客人投诉服务网点，只要你对沃尔玛的服务不满意，都可以直接在服务台提起投诉。沃尔玛的卓越服务赢得了政府部门和广大客人的一致认可。

在商业运作中，存在着很多种商业原则，“客人至上”是一种永远的不败商业原则。任何一个商业行为，要想长期持续地经营下去，必须以“客人至上”作为经营宗旨。

在市场上，几乎每家企业都打着“客人至上”的牌子，因为他们知道，只有客人满意了，生意才能持续做下去。但是在商业运营的过程中，又有多少企业真正地理解了“客人至上”？做到了“客人至上”呢？

可以看到，能真正理解“客人至上”、做到“客人至上”的企业基本都成功了，并且不断壮大。索尼、诺基亚、保洁、阿里巴巴、招商银行，所有这些耳熟能详的企业，都遵循着“把客人放在第一位”的原则。这样的企业不仅让人喜欢他们的产品，喜欢他们的服务，更让人感觉到一种尊敬。那么，真正的“客人至上”包含着哪些含义呢？

真正的“客人至上”至少包括四点：诚信；质量；服务；满足客人需求。只有做到这些，才能说理解和做到了“客人至上”。

（一）讲诚信

诚信是商业的基础！所谓“诚，信也”，“信，诚也”，人无诚信而不立，商无诚信而不通，诚信就是要实现对企业的承诺。对于企业而言，买你的产品是出于对你的一种信任，如果这种信任得到了企业诚实、有信的对待，就会增加，从而形成一种良性的依赖关系。

阿里巴巴的内销会员产品取名叫诚信通。顾名思义，得诚信，则通天下也。只有有了诚信，在商业过程中才能得到客人的信任，进而得到客人的认可。

有一家饭店，开始的时候建有游泳池和保龄球馆，组织了俱乐部，很多会员都到这里办消费卡。后来由于经营不善和市场等原因，项目做不下去，有些会员就要求退回卡里的余额。可是，这家饭店为了减少损失，不给退现金，只退换餐费，结果搞得沸沸扬扬。

有一位客户气愤地说，这个钱我可以不要，但是我要告诉你，丢掉我一个更有后来人！

一个不满意的客人要对多少人宣传你的不好？一定要算好这笔账。否则，就会“好事不出门，坏事传千里”！

（二）重视产品质量

产品质量，是绝对不可缺少的，企业要想发展壮大，就必须要有优质的产品，不管是服务行业，还是实业。

产品质量的好坏代表了你对客人负不负责，如果嘴上整天喊着“客人至上”，然而给客人提供的却是劣质的产品，客人无法在使用产品中得到好处，即使其他方面做得再好，“客人至上”也只是一句空话。所以，产品的质量是你做到“客人至上”的最基本的责任。

饭店是一个特殊的行业，提供安全卫生的环境和食品尤为重要。前一阶段，沈阳曝光了一个快捷饭店，服务员不仅是用浴巾擦马桶，烧水壶和马桶还共用一块百洁布刷，在社会上造成了极坏的影响。这不仅是产品质量的问题，实际上也是员工的职业道德问题。

（三）提高服务质量

在现实的商业社会中，到处可以看到诸如“贴心服务”“把温暖带回家”“让你满意”等服务标语，很多都是人们在成为客人之前会享受到的待遇，而在成为客人过后，受到的将是完全与此不相符甚至是相反的服务。

服务，不是一句空话，是贯穿在整个客人对产品的使用过程中的。从开始的咨询，到购买，到售后等一系列环节，都是服务的范围，如果没有做到整个过程的优质服务，也别提什么“客人至上”。

服务是一个全过程。当客人来到饭店用餐时，饭店的门前一般都会有一批礼仪小姐向他鞠躬、问候，而在客人离开饭店的时候，很多时候饭店的门前就没有人了。其实，送客也是十分重要的一个环节。

“客人至上”“客人是上帝”这样的口号我们已经提出多年了，但可以说，我是“学之于中国，晓之于日本”。在日本我才真正感到，当我以一名服务人员的身份出现时，该如何恭敬客人；而当我以一名客人的身份出现时，又该如何受到“上帝”般的礼遇。因此，我感到日本的服务不愧为世界优良的。

想象一下，当你光顾饭店时（这是一家旅游饭店），总服务台若干人在雨搭鞠躬迎接你，接过你的行李，把你的车开到停车场，引导你进入楼内；你来到一个陌生的饭店，为了不使你感到拘束，服务人员会主动与你搭讪，一路上你都不会感到沉闷；一到饭店，你就沉浸在热情的气氛之中；当你离开饭店的时候，饭店会组织欢送队伍，鞠躬致谢，就连挥手都要挥到直至你看不见为止，表现出一种眷恋之情，真是情真意切。对于你来说，这是一种何等的舒畅！

在我研修的这家日本饭店，他们从迎宾服务、中间服务，直到送客服务，真正把客人当作了“上帝”，使客人高兴而来满意离去，给我留下的印象是亲切、温暖、热情、周到、舒适、方便。为了体现客人是上帝，他们的服务不仅热情周到、文明，而且还做到了以下几点：

（1）抓住客人的心理进行服务。他们认为客人一出家门，对当晚下榻的饭店就持有一种愉快的期待感，同时又抱有一种不安感。所以，服务的第一步是解除客人的不安感，使期待感得到满足。

（2）带着微笑进入岗位。他们的服务人员都能做到带着微笑进入岗位。无论在任何场所见到客人都会主动点头打招呼，特别是早晨的问候。在走廊，因为工作忙走路要超过前面的客人时，还要说一声“对不起”，请求客人原谅。

（3）把一视同仁作为原则。服务一视同仁，不管是年轻美貌的女客和白发苍苍的老人，还是腰缠万贯的富翁和贫穷百姓，白人和黑人等，只要是我的客人就都一样对待。总服务台和收银处的原则就是“先到先服务”，或者说按次序服务。

（4）永远处于仆人的地位。服务人员的任何装饰都不能超过客人。例如，当发现自己戴的手表比客人的手表价值贵的时候，你必须主动地把表盘朝向内侧，避开客人的目光，不能让客人有一种这个服务员比我富有的心理。

（5）处处为客人着想。饭店附近的一个旅游点在各饭店都放有旅游简介，当它因维修不能接待客人的时候，就在各饭店发出通知，注明停业和开业的时间，以免游人白跑路。

这样的服务真是想客人之所想，急客人之所急。

（四）满足客人需求

只有建立在客人需求的基础上提供的产品或者服务才是最贴心、最恰到好处的。对客人需求的了解不仅体现在产品的功能上，还体现在服务的过程中，只有无微不至地关心客人的需求，才能真正为客人服务好，才能做到客人至上。

只有真正做到了以上四点，“客人至上”才会成为看得见摸得着的一种实在行为，也才会使得一个企业获得快速发展。永远把客人放在第一位，不仅是一种商业原则，更是一种伟大的使命。

“客人至上”不是一句空话，它需要以诚信为基础、以质量为保障、以服务为手段、以满足客人需求为目标。从不单纯为饭店赢得利润而是为客人着想的角度出发，其结果一定会赢得利润。这就是“客人至上”的功效。

因为不景气，所以才涨价

当饭店发展不好的时候，有些职业经理人就会采取降价的方式来吸引客人，结果收效甚微。其实，企业经营不善并不都是价格的问题，不能把降价作为救命的稻草。特别是当前的经济环境和社会环境，要在抓品质、抓特色、抓服务的同时，研究自己的市场定位、市场的需求和客人的需求。

经营管理要与时俱进，降价不是出路，创新才是出路，比如，江苏溧阳的天目湖宾馆创出的“天目湖鱼头”，通过一个名人、一个故事、一个文化特点之类，形成新的增长点。

“非典”期间，生意受到了影响，客人减少了。有的人建议是不是降价？我说：“不能降价。这期间，哪个人会因为你降价就来？这期间客人关注的不是价格而是安全。”为此，我们就制定了一套防范措施，归纳出了把好“五关”（把好客人入住关、把好货品采购关、把好食品入口关、把好环境清洁关、把好员工流动关）；发表了《致宾客朋友一封信》，信中郑重地向客人承诺了“十四条”；制定了饭店防“非典”的十九条措施。结果，在同行业中我们受到的影响最小。

我们管理团队刚刚接手盘锦昆仑大饭店的时候，该饭店是当地最好的饭店，房间的价格不高，但生意不是很好。有的人还是提出降价。我组织管理团队对酒店进行了分析，生意不好的原因，价格是不是主要因素？经过分析大家认为，房间的价格并不是主要原因，而是目标市场的定位。因为价格不高，档次不低，结果来这里的客人层次混杂。

有一句俗话说得好“物以类聚，人以群分”，不同层次的客人是不会集中到一起的。这家饭店欧洲人居多、那家饭店亚洲人居多、那家饭店中国人居多。这就像大海一样，不同的鱼种生活在不同的水域、不同的水层。为此，总经理办公会议决定，饭店下月一日涨价，提前做好宣传。

大家都为我们捏了一把汗，很多人提出了不同的意见或是摇头。涨价后客人有不同的反应，我们就做说服工作。一部分客人一定要放弃、一部分客人要挽留。经过短短的一段时间，客流量并没有受到太大的影响，但收益却提高了。

写给职业经理人

企业要走出困境，降价不是唯一的出路。正确的市场定位、优良的服务品质、独特的文化打造、不断地推陈出新、合理的价格标准，这才是正确的思路、唯一的出路。思路决定出路！好的思路是企业获得利润、取得成功的保证。

越来越人性化的发展趋势

随着营销学的演进和发展，人性化营销也日渐深得民心，现在企业经营中的“得民心者得天下”就是成功的基本因素，于是如何成功运用人性化营销，利用“以人为本”的理念来开辟市场，培养高度忠诚的客户群，并借此提高市场占有率和企业竞争力，就成为了企业发展的关键。

在营销渠道模式相同的情况下，只有向其注入独特的、富于情感的人性因素，才能真正吸引客人；只有真正实现人性化营销的产品，才会赢得市场。

（一）人性化营销的概念及特点

所谓人性化营销，顾名思义，就是一切以人为主，依照人性来进行市场营销活动，通过充分满足人性的需求来达到企业经营的目的。

人性化营销的核心思想就是“以人为本”，只有充分发挥人性化的营销竞争力，满足消费者人性化需求，创造与竞争对手不同的优势，才能使企业在竞争中立于不败之地。

人性化营销具有以下特点：

（1）人性化营销重视培养客人的重复购买及其对企业或品牌的忠诚。

（2）人性化营销重视产品能为客人所提供的利益。

（3）人性化营销为客人提供全面并体现人文关怀的高质素服务。

（4）人性化营销强调与客人建立全面的接触及长久的关系。

人性化营销的精髓就是“待客人如亲人”。

（二）人性化营销与传统销售理念的区别

二者的区别有很多（见下表）。

人性化营销与传统销售理念上的区别

区　别	说　明
追求区别	传统销售一味地追求销售业绩，产品只要能卖出去就万事大吉，它所追求的只是短期效益
	人性化营销则不仅要考虑自己的业绩和利益，还要以客户为中心，为客户创造更多价值，用服务去打动客户，用真诚去赢得客户的信任，使得他们成为自己最忠实的永久客户，稳固业绩
模式区别	传统的销售理念更侧重于销售的技巧，使产品能尽快销售出去
	人性化营销更强调对客人的人性化服务意识，而淡化销售意识，使营销在与客人的感情交流中自然促成
最终效果区别	传统销售只能依赖一些销售技巧达到短期的一些效果，而且这些技巧用得过多过滥只会令客人更反感
	人性化营销是在营销的整个过程中为客人真诚无私地提供完美的服务，体现对客人的爱。客人会对这样的营销产品建立一定的信任，很可能成为最忠实的永久客人

（三）人性化营销中需要把握几个关键问题

现代企业在执行人性化营销时需要把握好几个关键的问题，只有这样，才能在实施的同时产生最大化的效能。

（1）为能与客人维持长久的关系而建立完善的客人数据库，了解掌握客人有关消费的所有意愿及信息。

（2）为了满足客人感性化消费需求，企业要通过不断创新提供优质独特的商品或服务。

（3）以长期提供价值满足消费需求的承诺，建立起企业与客人之间相对稳定的双赢合作关系。

（4）人性化营销的具体实施在于员工与客人之间的有效接触，因此要培养员工树立人性尊重的信念。

（四）实施人性化营销的对策

客户在购买过程中的个人感受会提高或削弱客户对某个企业或产品的初始信任度，如何来实施人性化营销呢？这里有几点建议。

1. 领导人性化

领导人性化是指挑选、培养并满足员工的要求，使得他们能满足客户的基本的人性需求。基本的人性需求对客户的购买决定将产生很大的影响。

有效的人性化领导是从对自身优缺点的了解开始的，只有掌握市场知识及市场人性互动状态的企业才可能选择用以满足客户的合适的员工。认真培养这些精心选出的员工，为他们提供为自己和客户做出最好成绩的自由，这是实现人性化领导的要素。

2. 心地人性化

心地人性化就是在发展过程中，要懂得如何满足客人和消费者的人性化需求，把行动的重点放在承认客人的存在性、客人的重要性以及客人的需求感受上，消除客人在选择产品和服务时被忽视的感觉，满足客人被尊重的心理需求，从而达到产品和服务满意一百的认同度，提高客人对产品、品牌和服务的忠诚度。

3. 沟通人性化

人性化沟通是企业与客人在交易中充满温情和爱心的沟通过程，不仅能够提升客人从企业的关爱中感受到的情感价值，还可以让客人认为那是生命中非常值得留恋的美妙时刻。

企业要着重培养员工与客人交流和沟通的技能，在进行交易时使客人在足够轻松的环境下达成交易，因此，不仅能使人性化接触保持前后的高度一致，还有利于消除非人性的行为。

4. 开发人性化

不要只顾企业自身生产和销售什么，还要主动研究和分析客人真正需要什么。这是企业或营销人员在开发服务项目之前必须首先明确的头等大事。

对于营销人员来说，了解不同国家、不同民族、不同区域和不同风俗的不同文化是非常重要的，营销实质上是一种跨文化营销。文化具有无形性和抽象性、稳定性和可变性，以及社会规范性的特点，营销人员只有深入研究、仔细推敲，才能出奇制胜。

5. 服务人性化

企业在追求审美与功能相结合的同时，还要为产品注入灵性，与消费者进行精神的交流。

海尔集团拥有全国第一流的售后服务中心，之所以能够以一流的服务多次夺得全国售后服务先进企业桂冠，都要归功于他们把保护消费者权益作为服务工作的起点，以 CI 企业形象战略为指导思想，确立“联合舰队”或集约化售后网络。

6. 品牌人性化

一切消费，归根结底都是人的消费。人类消费的第一和最大的动力源是需求。不同文化背景下生存所需的内容和容量，形成了客观的需求市场。对于这样的市场，发现引导是第一，创新是第二。

当人们获得了生存条件，满足了客观需求之后，就会衍生出欲求，又会裂变为诸多分支欲求：安全感、舒适、尊贵、质量、丰富、健康等。每个品牌都应当是人性品牌，是对消费者人性的概括和诠释。

写给职业经理人

如何成功运用人性化营销，利用以人为本的理念来开辟市场，培养高度忠诚的客人群，并借此提高市场占有率和企业竞争力，是企业发展的关键。

会经营人心，不用经营产品

会经营人心的人，不用经营产品！

有一天，我陪孩子去凤凰山旅游。在爬凤凰山的路上，我们看到很多藤条都盘在了树干上。有的横七竖八，有的围着树干缠绕，有的好像是有人把藤条搭在了大树枝上，形态各异。

孩子问我："爸爸，这藤为什么都要盘在树上啊？它是怎么爬上去的呀？"

说实话，我还真没有考虑过这个问题，但是孩子的问题既不能不回答，又不能不懂装懂。就首先声明，这是我的看法，没有经过考究。

我说："你看看这些藤有什么特点啊？我看都是立不起来的一种植物，这是和树的根本的区别。这样即使藤条长得再长，它也是直立不起来的，它要挺起来身躯就必须借助树的力量，在树的扶持下站立起来。这样，树有多高藤就会有多高。藤是会借势而行的。"

我指着一根藤给孩子看。这根藤苗长出地面一米多高的时候也是很直挺的，可是再往上长它的头一斜就靠到了树上，现在它和树几乎是一样高了。要是没有这棵树，这根藤就会永远地躺在地上，它既站不高也无法领略大自然的美丽的风光。要注意的是，藤苗选择的树都是高大健壮的，因为树的高度决定了藤的高度，这就是藤的成长智慧。而树呢，它也不嫌弃藤，和藤相依相伴。当然，藤也为树的繁茂和壮美增添了光彩。

说到这里，我似乎感悟到了一个道理。在现实生活中，一个人的成长内在的因素固然重要，但也要学会借助外在的力量。不是说，你能走多远在于与谁同行吗？如果你能得到成功人士的辅助和指教，你就会靠近成功一大步。这就是说跟成功的人一起做事，也逐步学会自己如何走向成功。当然，你必须有一种谦逊的态度，勤奋好学、不断探求、积累经验、自强不息，加快使自己成熟。即使有一天你成功了，你也应该像大树一样有一种奉献的精神，为别人搭建一个通往成功的梯子，这就是一种品格，甘为别人成才而出力的品格，别人成才了也是你的骄傲，也是你的自身价值的体现。

我们父女二人在对藤与树相伴的探讨中，结束了我们的旅游，我想这也是人生的一次感悟吧。

孟子曰：“天时不如地利，地利不如人和。三里之城，七里之郭，环而攻之而不胜。夫环而攻之，必有得天时者矣；然而不胜者，是天时不如地利也。城非不高也，池非不深也，兵革非不坚利也，米粟非不多也；委而去之，是地利不如人和也。故曰：域民不以封疆之界，固国不以山溪之险，威天下不以兵革之利。得道者多助，失道者寡助。寡助之至，亲戚畔之；多助之至，天下顺之。以天下之所顺，攻亲戚之所畔；故君子有不战，战必胜矣。”

孟子在这里所说的“天时”是指兴兵作战的时机、气候等；“地利”是指山川险要，城池坚固等；“人和”则指人心所向，内部团结。孟子在这里主要是从军事方面来分析论述天时、地利、人和之间关系的，而且是观点鲜明：“天时不如地利，地利不如人和。”三者之中，“人和”是最重要的，起决定作用的因素；“地利”次之，“天时”又次之。这就告诉我们，一个拥有道义的人大家都会愿意帮助他，甚至顺从他；失去道义的人得到的帮助就少，甚至连亲戚也会叛离。

这个道理在现代企业的发展中同样适用！在世界经济和文化高度发展

的现代社会，在产品过剩的时代，一个企业想要获得长远的发展，员工的人心向背变得越来越重要，消费者的人心向背越来越重要。

在企业诸要素中，人是第一要素，而人是由心支配的，因此如何做好人的思想政治工作，搞好人心经营，就成为职业经理人的第一任务。

（一）重视人心

古人说："得人心者得天下。""攻心为上，攻城为下。"如今，很多职业经理人也纷纷摒弃了早期管理者僵硬的严酷的烦琐的管理方式，提出了"以人为本"的经营理念，促进了现代经济的快速发展。比如：世界500强企业，几乎都采取了员工参与、人际沟通、激励措施、民主决策、福利政策等人本管理模式，有效地调动了员工的积极性和创造性，增强了企业的凝聚力和向心力，使企业的综合效益成倍增长。

有一天，我去拜访曾经在盘锦昆仑大饭店工作过的老板。从她的身上我感受到了从善的力量。

其实，这位老板并没有做过饭店管理工作，但却做得很成功。员工稳定、效益提升。其成功的基准点就在于善待员工，她给我讲述了一个故事：

一个员工积攒了两个月工资，过年了要寄回家，可是坐出租车的时候不小心把钱弄丢了。老板听说后，非常理解这名员工当时的心情。她找员工谈话，了解了情况，一面安慰员工不要着急，一面从兜里拿出来3000元钱，送给了这位员工。告诉他："快过年了，赶紧给父母寄去吧。"

这位老板和我说，你一定要善待员工。一个员工攒3000元钱不容易啊。他将过年要孝敬父母的钱丢了，是什么心情。我少花一点没有什么。

听完这个故事，我十分感动。当时我就说，这样的员工以后就是你打他，他都不会走。

很多人都在那里讲经营，实际上经营一个企业不如先经营人心。人心所向，不可能经营不好。这个企业就是一个很好的例子。

（二）激发人心

经营人心，首先要了解人的需求，人的动机。美国著名行为科学家亚伯拉罕·马斯洛，1943 年在其巨著《人类动机理论》中，阐述了人类五级需求层次理论，即生理需求、安全需求、归属需求、自尊需求、自我实现需求。人只有得到自身满足的同时才会精力充沛地为企业创造价值，促进企业的发展。要想管好人，首先必须了解人这个个体本身的需要，进而努力满足他的需要，以个人需求为基础激发鼓励，达到更高的劳动生产率。

刘邦见到了秦始皇出巡的威风，产生了“大丈夫当如斯”的皇帝欲，他果然倒秦以代。从本质上说，任何时代，任何社会，没有一个人是满足于现状的，都是愿意拼死一搏的，即使是一个普通人，潜意识中也有着伟大的理想，都希望改善自己的工作和生活环境。

高明的职业经理人都善于利用人的追求欲，向其展示美妙的远景，鼓励其树立远大的目标，激发人们的雄心和信心。

我曾读过一本日本人写的《疑问产生科学》，是说当人们对自然界的现象产生疑问去研究的结果就产生了科学。如：壶盖为什么会动？为什么先听到雷声再看到闪电？借此，我提出了一个理论，疑问产生科学，不满产生进步！我们要了解员工的需求，做出正确的引导，并能够力所能及地满足员工的需求。这样做，其实也是促进员工的稳定与进步。

（三）利导人心

古往今来，善用人者，成就大事者，都懂得在无害于大局的情况下满足人们的各种利益要求，从而获得人心，获得人才。

古代谋略家黄石公说：“贪者丰之，欲者使之，畏者隐之，谋者近之。”意思是说，贪利的可以给他丰厚的收入，想立功的可以让他去冲锋陷阵，有隐私的要替他隐瞒，有谋略的要对他亲近信任。曾国藩则说得更加直截了当：武人给钱，文人给名；以众人之私，成一人之公。

所以，在工作中职业经理人要处理好利益关系，要舍得让利以收揽人心。既不要书生意气，搞“君子喻于义，小人喻于利”那一套，忽视利益的重要性，以为靠激情、靠理想，就可以人心归顺，一呼百应；也不要把利益都归于自己，或仅仅只靠利益去指使一切。要注意眼前利益与长远利益的统一。仅仅告诉员工长远利益是没有说服力的，不可信的。

企业要以经济效益为中心，以满足每个员工的经济利益为管理的宗旨，以经济利益引导人心，维系人心。这种利益必须是可行的，有希望的，与眼前的利益密切联系的。如果虚无缥缈，人家就认为你是疯子、骗子，谁还愿意跟你跑？

（四）净化人心

每个人的“心”因先天条件、生活环境、教育程度、自身领悟的不同，表现出千差万别，而且，心又时刻在变。所以，心是最复杂的。心善可以干好事，心齐可以干大事。职业经理人更要把思想教育、道德教育、法律教育放在重要位置，及时发现和纠正不正确的思想和言行，提高员工的素质和战斗力。

日本著名企业家松下幸之助就强调“制造产品之前抚育人”。他对“松下人”的训练主要体现在两个方面：一是基本技术训练，二是“松下精神”训练。所谓精神训练，其主要内涵，就是要净化人心，增强信心和毅力。

要净化人心，做好人的思想工作，必须了解真实情况和属下的真实思想，抓住主要矛盾和矛盾的主要方面，有针对性地有重点地逐一解决，不能眉毛胡子一把抓，更不能被假象所迷惑，人云亦云，听风是雨。

（五）诚换人心

诚与信是连在一起的，做人要诚实无欺，这是人立身之本、治心之本、人心之本，是人赖以生存的灵魂。孟子说："人天生存诚。"这些古训告诉我们，只有坦诚待人，才能得人心，才能赢得他人的支持与合作。反之，则只能招来反感和敌视，置自己于被动。

心与心之间，其实如同商品一样，也是等价交换的。自己诚心诚意，才能换取人家的诚心诚意，你有困难，有错误，只要你坦诚相告，人们就会谅解你、宽慰你、帮助你。

（六）德服人心

要想人服你，除非你比人好。这是一个最朴素的道理。《论语》曰："君子之德风，小人之德草。草上之风，必偃。""其身正，不令而行，其身不正，虽令不从。"

职业经理人要有威信，要有号召力，要让他人从内心敬佩你，靠什么？就靠你是否有优秀的品格，宽阔的胸怀，待人的诚意，决策的高明，非凡的能力，严谨的作风，执着的精神。

比如，遵守时间这样一件看似小的事情，如果确定的时间你都不遵守，谁还敢相信你的信誉呢？开会的时候，如果你总是迟到，让到会的人等一个人，长此以往，参加会议的人也就会养成开会迟到的习惯。

每个人每天做的事情都是在给自己做着积蓄。这种积蓄就

是一个人的无形资产。这种资产的多与少，决定着你的社会价值，也总有一天这种资产会得到使用。所以，我们做任何事情都不得有半点的怠慢，都是在给自己的今天、明天做着积蓄。等到这种积蓄被提取，被社会认可的时候，就会体会到昨天做的是值得的。

问题是用来发现、思考、解决的

什么是企业管理中最大的问题？一位管理大师说："发现不了问题是最大的问题。"职业经理人只有不断发现经营中的问题，才是称职的管理者。

工作在一线的员工是最容易发现问题的，但要想让员工把问题说出来需要有一个言路通畅的环境，需要有一种激励机制。如果经理人不能容人，只喜欢那些想法、做法与其一致的人，那么员工即使发现问题也不会向上反映，结果企业问题不断堆积，积重难返。

善于发现问题和解决问题是一切管理的基础与前提！职业经理人要不断理清工作思路、解决问题，不断提高自己的洞察能力和管理水平。

（一）正确认识问题

毛泽东在《反对党八股》一文中说："什么叫问题？问题就是事物的矛盾。"按照矛盾论的观点：有发展就有矛盾，每个团队都不例外。矛盾存在于一切事物的发展过程中，每一个事物的发展过程中都存在着自始至终的矛盾运动，没有矛盾也就没有发展。

存在问题毫不奇怪，没有发现问题才是最大的问题！那么，是等矛盾激化，还是在矛盾激化前先发现它，这是一个工作态度问题；是解决矛盾还是解决矛盾的主要方面，这是一个工作方法问题。前期认识的不同，职业经理人的工作方式也就不同。作为管理者，应充分运用唯物辩证法基本原理，游刃于各种矛盾之中。

（二）发现问题与解决问题

一般来说，发现问题的能力与解决问题的能力是相辅相成、互为提高的。职业经理人应该这样去思考问题、解决问题：收集问题—确认问题—分析问题—找出主要问题—解决主要问题—解决次要问题—发现新的问题（循环）。

一方面，发现问题是解决问题的前提。在平时的工作中，管理者要有一双敏锐的眼睛去捕捉周围的信息，去发现问题，进而才能顺利地解决问题。另一方面，能力提升的过程就是不断“发现问题”与“解决问题”的过程。如果对存在的问题麻木，或者是熟视无睹、习以为常，在“发现问题”这一步就落后他人，何谈解决问题？

那么，如何提高个人发现问题、解决问题的能力呢？

1. 积极面对问题

不要害怕问题，不要有觉得丢脸的心态，要想提高解决问题的能力，就要尽量多地承担工作，并真正投入其中，坚持不懈，迫使自己的能力得以提高。问题接触得越多，解决问题的能力就越强。

2. 认真做好每件事

知道如何做好一件事，比对很多事情都懂一点皮毛要强得多。每一件事情的完成，哪怕是极小的事情，都有助于你提高解决问题的能力。

3. 用目标来激励自己

每一个人在潜意识里都会有自我实现的愿望，为自己树立一个工作目标是发挥自己潜能、提升自己工作能力的重要途径。如果你有目标，比如：你想要做什么，就一定会朝着这个方向努力，即使你遇到的问题很多，你也不会放弃。反之，如果没有目标，就不知道路怎么走，一遇到困难就会退缩。

4. 培养正确的思维方式

每个人都有自己固有的思维方式，这种思维方式在工作中的应用直接影响到解决问题的效果。建立合理的思维方式是提高解决问题能力所必需的。不要拘泥于以往的思维，要有创造性思维，这样你才会比别人看得更清楚。

5. 经常思考和想象

解决问题能力比较强的人都特别善于思考，思考是成长的唯一方法，优秀的职业经理人经常面对问题去思考，在思考中得到成长，在思考中找到工作的方法，在思考中领悟工作的快乐，解决问题的能力也在思考中得到进一步的提升。

大科学家爱因斯坦说，想象力比知识更重要。这种想象是建立在有渊博的专业知识的基础上的。所以，对身边的事物多带点想象和远见，会发现许多埋藏在自己职业发展路上的“地雷”。

（三）发现问题、解决问题的基本方法

如何来发现问题，解决问题呢？

第一，要把事情搞清楚，即认识事件的发生、经过的情况和已经产生或可能产生的后果。

第二，要弄清楚问题到底是什么，它出在什么地方。了解造成这次事件的原因，包括：触发事件的原始动机、当事人的想法和想达到的目的，以及造成的后果和影响。

第三，客观对待。不掩盖事实、逃避责任，接受既成的事实，不逃避、不找借口或狡辩。

第四，要想出尽可能多的解决方案，并要把这些方案进行对比，选出

最好的方案。

第五，运用最好的方案来解决问题。

上述步骤中最关键的是对问题的界定，即弄清楚问题到底是什么，也就是要发现真问题，不要被表象迷惑。著名思想家杜威说："一个良好的问题界定，已经将问题解决了一半。"

善于发现问题和解决问题是一切管理的基础与前提！职业经理人就要不断理清工作思路、解决问题，切实提高自己的洞察能力和管理水平。

无处不在的策划创意

有这样一个故事：

李四是位梳子推销员，他每天走街串巷，到处推销工艺梳。一天，李四无意间经过一处寺庙，望着人来人往的寺院，一下子有了主意，于是径直走进了寺院。

施见面礼之后，李四对方丈说："贵院香火十分兴旺，但是我有一种方法可以使贵院的香火收入增加一倍。我们的梳子功效神奇，可以活血化瘀和防止脑血管硬化，你们如果利用好它的特效功能，对前来进香捐赠的香客给予一定的回赠，叫寺庙里的师父们给这些梳子再开开光，刻上'积善'两字，功利就一定会更加神奇。这样香客回家使用后就会感觉是佛的力量，会更加敬佛和捐赠的。"

方丈一听有理，立刻与李四签订了长期合作的协议。

在这个案例中，李四采用了创新的营销方式。把梳子卖到寺院，听起来是无稽之谈，实际上却隐含无限商机。在职场的强烈竞争中，管理者只有时刻保持创新的思路，才能有所收获。

二十年前，我在一家饭店做总经理，饭店刚刚开业生意不是很好。为了拉近与客户的距离，我就决定：不卖产品、先卖服务。

我在饭店的大堂设立了一个辽沈地区名优产品的展示柜，安排营销部的经理到辽沈地区名优产品的企业进行洽谈，免费提供宣传的展位。饭店的客人来自祖国各地、世界各国，对产品来说，这是一种不错的宣传方式。结果得到了企业的积极响应，无形中我也得到了这批客户。

处处留心皆学问！社会上最富有的人，不是学历最高的人，也不是品德最好的人，而是能够将普通的事情做到极致、做出新意的人。

任何一个企业从起步到壮大，直至走到国内外行业第一名，分析其成功的因素，人才是根本，创新则是企业发展的生命。创新在企业发展过程中具有重大的意义，职业经理人更要注重创新，为什么？

首先，创新是企业的活力之源。没有创新，死水一潭，无法前进。稍有前进，又要退回来。研究发现，很多成功的企业，成功的秘诀都离不开创新。

其次，创新是企业制胜的法宝。只有拿出自己的“绝活”，做到“人无我有，人有我精”，才能经受住市场的考验，进而把握市场，创造市场。

在这个问题上力之源酒店管理公司出品顾问、烹饪大师何喆先生对待出品创新的问题有很多独到的见解。他说，今天，创新已不在于你拥有多少资源，拥有多少技术，拥有多少人才，而在于你的创新能力的高低。创新的关键和前提，在于观念的创新。思想观念的力量是无穷的，观念的转变，会导致态度、行为乃至习惯的改变，最终使得人生发生改变。因此，职业经理人要时刻反省自己的思想观念和思维方式，以免落后于他人。

没有学习力，就没有竞争力。在未来的一段时间，管理者的核心竞争力是比竞争对手更快的学习能力；企业的核心竞争力是员工集体努力学习、突破旧企业模式的能力；个人的核心竞争力是通过学习不断否定自我、超越自我的能力。

创新是永恒的主题，在职场的激烈竞争中，职业经理人只有不断学习、不断完善自我、不断增强创新意识、不断探讨一条新路，才能有所收获。

第八章 内部营销胜于外部营销

内部营销的关键点是，有创新的意识、有为员工服好务的理念、有独到的特色产品、有优质的感人服务、有良好的企业口碑。

眼睛不能只盯着营销部

最近到外地考察，听说了这样一个故事，使我陷入了深思。

在一个城市有两个比较大的企业集团，他们从事着房地产开发、矿产等行业，都有一个当地十分豪华的饭店。

春节时，A 集团为了树立形象，扩大社会影响，耗资 20 万元购买了鞭炮。在除夕、初一等几个关键的时间段，这里是礼花满天，震耳欲聋，好不热闹。自然招来众多人的观赏。而 B 集团只试营业了几个月，春节期间一个鞭炮都没有放。

故事说到这儿，我们不禁要问，是 A 集团有经济实力，要为市民过春节营造一下氛围呢，还是 B 集团经济实力不够，老板抠门，不懂得树立形象的意义呢？其实不然！

A 集团虽说是礼花满天，震耳欲聋，但是过春节，员工连一分钱的福利都没有拿到。人们就这样眼巴巴地看着 20 万元的鞭炮钱化为硝烟弥漫。B 集团虽说没有花钱买一分钱的鞭炮，但是员工的福利那是“钢钢的”（员工的原话）。不仅在节前发了一定的福利，过年值班的人员还得到了加班费。

结果，A 集团的员工怨声载道，都说老板不懂得感恩，不懂得关心员工，说：“20 万元的鞭炮钱是贴在了老板的脸上了，但是却冷了员工的心。”

而B集团的员工却对企业赞不绝口，都说：“老板真拿员工当回事，饭店刚开业还谈不上赢利的时候，给员工发了这么多年货，我们应该好好干，这样才对得起老板。”

同样是规模相当的大集团，同样是生活在一个城市，同样都有经济实力，可“差距咋就这么大呢?”这就是理念上的差异。

一个企业要生产与发展，首先要想到谁是这个企业的生产力？以人为本首先就要善待员工，满意的员工才能生产出满意的产品，才能提高服务质量，创造更多的效益。

企业需要外树形象，需要让社会认识，需要扩大企业在社会上的影响。但是我认为，外树形象不如内树威望，员工对企业的认同会产生无尽的动力，会创造出一个好的工作氛围；让社会认识不如让员工认可，员工对企业的认可，就会促进员工队伍的稳定，拉近员工与企业心理上的距离，为管理工作的顺畅减少一些障碍；要扩大企业在社会上的影响，员工就是最好的传播者。

每一个员工都有一定的交际圈，这就决定了员工对企业评价的传播范围，员工对企业的评价都会被对方认为是可信的。因此，在企业对外树立形象的同时，首先要考虑到企业在员工心中的形象如何。善待你的员工就是最好的企业形象。

内部营销的关键点是，有创新的意识、有为员工服好务的理念、有独到的特色产品、有优质的感人服务、有良好的企业口碑。

（一）学会创新

如果有位客人向你要天上的月亮，你该怎么办呢？是一口回绝，还是嘲笑客人的荒诞、无礼呢？饭店始终秉承的一条服务宗旨就是：尽最大的努力满足客人的需求，为客人提供最满意的服务。那么，遇到这类问题该怎么办呢？很简单。将一盆水放在客人面前，并打开窗户，让月亮倒映在水中，告诉客人："尊敬的先生，我们为您取来了您要的月亮，我们还可以为您提供更多的月亮。"

客人是饭店利润的来源，尽可能地满足宾客的需求，也就是为饭店创造更多的效益。

（二）为员工服务好

员工是饭店各项基础工作的执行者，是直接面对客人的人，饭店的服务形象在很大程度上是靠员工去建立的。总的来看，很多饭店对员工的关心程度不够。饭店往往对客人的活动环境十分重视，做得无微不至，但对员工的服务却比较马虎。

管理不是从上到下的管制，而是自上而下的服务，管理人员的作用就是为员工做好服务，从而使员工为客人做好服务。要正确对待员工在工作中出现的问题，一旦问题出现，饭店靠硬性的制度去处理，员工就会成为牺牲品。

员工在工作中产生了厌烦情绪，管理者只有找到原因，并有效解决，才能从根本上解决员工的心态问题，为客人营造一个良好的服务环境。

写给职业经理人

员工对企业的认同会产生无尽的动力，会创造出一个好的工作氛围；让社会认识不如让员工认可，员工对企业的认可，就会促进员工队伍的稳定，就会拉近员工与企业心理上的距离，就会为管理工作的顺畅减少一些障碍。

销售与营销是不同的概念

营销不是销售，不是传统意义上的"卖东西"，不单是商业活动，而是个人和集体通过创造、提供出售并通过与别人交换产品和价值，以获得所需所欲之物的社会和管理的过程。它包括几个核心概念：欲望和需求，人类除了维持生存的物品，还对娱乐、教育等有着强烈的欲望，并表现出强烈的爱好。

市场营销观念和销售观念是在对待组织、客人和社会三者利益冲突上不同的观念。现代营销之父的菲利普·科特勒先生认为："当客人步入商品陈列室，企业推销员便开始揣摩来者的心思，如果有一位客人喜欢某种式样的汽车，推销员就会马上告诉他，另一位客人正好也打算买这辆汽车，因此要当机立断。如果客人因为价格而犹豫不决，推销员马上又会提出他可以找经理商谈，把价格降得更低些。这位客人等了10分钟，推销员就满面春风地出来说：'老板起初不同意，但我好歹说服了他。'这样做的目的是为了激发客人立即购买。"而营销观念是与销售观念大相径庭的。

彼得·杜拉克说过："某些推销工作总是重要的，然而营销的目的就是要使推销成为多余，在于深刻地认识和了解客人，从而使产品或服务完全适合他的需要而形成产品自我销售。"简单来说，营销以消费者为中心、以竞争为基础、以协调为手段，企业利润是营销的结果而不是企业的目的。

简单一点，可以这样理解：销售的目的是把产品推销给用户换回金钱，而营销的目的是让用户拿着金钱主动购买你的产品，换回的是客人对产品的青睐。

很多人把营销和销售混为一谈，其实这是一个误区，销售并不等同于营销。

（一）包含的内容不同

营销是一个系统，而销售只是营销的一部分。

营销包括：市场调研、市场推广、品牌策划、销售、客户服务等。

（二）思考的角度不同

销售主要是企业以固有产品或服务来吸引、寻找客户，这是一种由内向外的思维方式。

营销则是以客户需求为导向，并把如何有效地创造客户作为首要任务，这是一种由外而内的思维方式。

（三）结果的诉求不同

销售是把产品卖好，是销售已有的产品、把现有的产品卖好。

营销是让产品好卖，是产品的行销策划、推广，营销的目的是让销售更简单甚至不必要，让产品更好卖。

（四）两者格局的差异

营销需要员工以长远的战略眼光确定大的方向和目标，并以切实有效的战术谋略达成中短期目标。营销的这些特性，会进一步激发、训练员工的长远商业目光及把握市场机会的能力。营销是一种以外向内、通过外部环境改造企业内部环境的思维，它更能适合市场，所以营销不但适合于企业的长远发展，同时也是一种以市场为本的谋利思维。

（五）"销"的本质差异

"销售"和"营销"虽说是一字之差，但本质的差异极大，其差异在于：

销售是一种战术思考，以销售力为中心，注重销售的技巧与方法，关心的是现有商品的销售和销售目标的实现。

营销是一种战略思考，以创造力为中心，注重建立能持续销售的系统，关心的是客户的需求满足和企业的永续经营。

销售的目的是把产品推销给用户换回金钱，而营销的目的是让用户拿着金钱主动购买你的产品，换回的是客人对产品的青睐。很多人把营销和销售混为一谈，其实这是一个误区，销售并不等同于营销。

内部营销，作用不可小觑

内部营销是与外部营销相对应的概念，它的意思是使员工热爱企业的品牌，然后再让他们去说服客户热爱这一品牌。员工会自动热爱自己的企业和它的品牌吗？坦率地说，不会。现实地讲，有些人工作的目的就是养家糊口。企业可以接受这样平庸的绩效，但肯定是不提倡的。如果某个员工对企业的品牌或产品兴趣索然，那么他对工作就会兴趣索然，对客户服务也会兴趣索然。这样糟糕的客户服务会让企业关门的。相反，如果某个员工激情四溢，他身边的同事很容易就能感觉到他热爱自己的企业，而客户也会受其影响。

内部营销措施可指那些为了取得某一特定目标而采取的短期、具有针对性的举措。这些短期内部营销举措可以帮助你完成这样的工作，如实施新方案、适应变化、克服困难、应对企业被购并后的生存问题等。

更重要的是，内部营销是一个不断与员工分享信息，并且认可他们所作出的贡献的过程。这一持续的过程是构建健康企业文化的基础，员工在这种文化氛围内遵循“我为人人，人人为客户”的理念。持续不断的内部营销也是创建世界一流企业的基石。

读了下面的例子，就会了解一下持续进行的、旨在改变企业文化的内部营销措施会给一家企业带来什么。

几年前，希尔顿饭店集团旗下的Homewood Suites的品牌经理霍尔特豪泽，想要聘请高人帮助他复兴这一低迷的饭店品牌。从第一天开始，他就知道，在他的战略规划中，与复兴饭店占据同等重要地位的，是将这一品牌与其他品牌区分开来，不仅是在希尔顿饭店集团以外，而且还得在内部。

霍尔特豪泽说："我们的确需要一些贤能之士来帮助我们发展。但是，我刚到Homewood的时候，招聘广告发出去后却没有一个来应聘的人。大家都想去客似云来的地方，而在企业内部，我们这个品牌默默无闻。所以，Homewood必须激起内部员工对这个品牌的兴奋度，这样就能够吸引一部分人才了。"霍尔特豪泽还说，"我们一直都在孜孜不倦地培养和推广Homewood的品牌个性。我们不拘谨，员工在这儿工作很开心。我们把'谢谢'挂在嘴边，向员工提供很好的培训、发展机会和奖励机制。而且我们做了大量的沟通工作，使团队中的每一个人都能全心全意地工作。我们的团队成员都为Homewood的品牌感到骄傲，他们希望客户也喜爱这一品牌。"

霍尔特豪泽和手下的几位高层经理定期和企业一线的团队成员召开电话会议，同时也定期与每位总经理召开电话会议，了解业务的最新进展情况。当有员工表现突出时，霍尔特豪泽会发去书面感谢信，并致电表示祝贺。

由于霍尔特豪泽为员工敞开了信息大门，他们的工作非常出色。不仅如此，员工在客户服务方面的表现也更上了一层楼，因为他们真正担起了促使企业品牌成功的责任。霍尔特豪泽说："我们一直认为内部营销同外部营销一样重要，而我在这里的经历证明了我的想法是对的。"

五年之后，霍尔特豪泽再也没有碰到招聘方面的问题。他说："现在发出招聘帖子后，应聘的人数超过了我们能够应付的程度。"饭店行业面临的最大问题是员工流失率高，但是Homewood的优秀员工却一直没有离开那里。

这些员工关心客户，而客户也回馈他们以支持和赞赏。霍尔特豪泽说："由于客户的好评，我们赢得了三项行业大奖。这些奖励是我们致力于营造企业文化的直接结果，在这种文化氛围内，团队成员满腔热情地实现着我们的品牌承诺。"

各项经营战略和营销活动，可以有效确保所有员工在为客人服务的前提下，积极参与管理活动。因此，内部营销管理的实质就是：通过一系列相互协调的类似的市场营销的管理活动提高员工为客人服务的积极性，并逐步在企业内部塑造一种新的以服务为导向的文化氛围，使全体员工都具有为客人服务的意识，从根本上促进企业文化的传播，提高服务质量，最终提高企业的市场竞争力。

（一）内部营销是企业文化建设的有效途径

内部营销是企业文化的体现之一，也是构建企业文化的途径之一，其本质是接受服务、传递服务，使企业愿景起到激励作用。

企业有了良好的愿景、战略和战术实施的核心，仍然需要内部营销。只有借助内部营销，才能将这些理念渗透到员工中去，在企业与员工之间建立起牢固而深厚的感情纽带，将使员工有一种被尊重的主人翁感觉，而这种感觉会促使他们与高层管理者保持一致。否则，再好的愿景、战略、目标都无法执行企业的变革。

愿景本身就是一种激励！当企业的每一个人都用愿景规划激励自己的时候，企业才能成长。在员工深刻理解企业愿景的基础上，要让员工认识到企业现状与企业愿景之间的差距。企业通过内部营销对愿景的渗透，以及对愿景与“现实”之间的展示，对员工实施激励，使得员工的工作做得更好，服务质量更高，与企业打过交道的客人很少再选择其他的企业，那么，就不会出现人员流动频繁的现象，更不会使企业原有的客人流失。

（二）忠实的员工带来忠实的客人

员工满意意味着员工对企业未来发展有信心，更愿意留在企业工作，从而使得员工忠诚度提高。员工工作效率的提升意味着他们所创造的客人价值的提高。

客人在购买产品或服务时，总希望把成本降至最低，而同时又希望从中获得最大的实际利益，以便自己的需要得到最大限度的满足。企业向客人提供的产品及服务，只有比竞争对手具有更高的客人价值才能赢得客人满意。

客人满意使得客人忠诚，企业的一切努力就是要不断提高客人忠诚度，因为客人忠诚度的提高会大大促进企业获利能力的增强，还能弥补企业在与非忠诚客人交易时所发生的损失。没有外部客人购买企业产品和服务，企业固然无法生存，但是如果缺乏优秀的员工这一内部客人，没有企业各个环节、每位员工的协同作用，企业也是很难为客人提供优质服务的。

在现代企业中，专职营销人员在扩大市场份额方面起着巨大的作用，但营销不再仅仅由企业营销部门的专门人员来进行。企业所有员工都是最好的营销人员，其作用不亚于专业的营销人员，因为他们与客户的接触更直接、频率更高，他们对客人消费的导向更奏效。

（三）内部营销有益于企业组织结构的改善

企业整体营销战略要被更有效地执行，必须消除企业内部各职能部门之间的冲突，在企业内部建立良好的沟通方式，协调好各部门间的工作。而通过内部营销，可以减少部门孤立，减少组织内部摩擦，这有助于组织内部各职能部门之间的相互沟通。

没有比同事关系冷漠、工作氛围恶劣更让人难以忍受的组织病态了。在有些企业，部门之间的分歧已经愈演愈烈，而这种分歧很有可能使企业的一切努力成为泡影，企业无论如何努力都不能赢得员工的心的尴尬局面。因此，通过权威、沟通和对企业的内部营销来科学地划分各个部门的职责范围，才能解决其本质问题。

虽然说，可见的或者实体的服务很重要，但随着竞争的加剧，一切可见的东西所建立起来的竞争优势随时都会被忽略。因为可见的是可以模仿的，不可见的因素远比可见的重要。竞争对手最难模仿的，就是你的文化、员工的工作精神和他们对服务的执着。

（四）内部营销为外部营销提供基础和保障

服务营销三角形理论认为，企业、客人和服务提供者是三个关键的参与者，服务企业想要获得成功必须开展外部营销、内部营销和交互营销，这三种类型的营销活动相互影响、相互联系，共同构成了一个有机的整体。

为了在激烈的市场竞争中取胜，针对目标市场的客人，企业需要进行外部营销，外部营销的功能主要是向客人做出与服务有关的承诺，包括向客人表明企业将以某种渠道、某种价格提供某种服务等。企业还必须向客人兑现承诺，这就需要员工与客人之间进行交互营销，实现企业的服务承诺，否则，就会违背承诺，使得客人不满意，造成客人流失。

能否兑现企业承诺往往与服务人员的服务意愿和能力密切相关。因此，如何使工作人员愿意并有能力来实现企业的承诺就成为营销中的重点问题。内部营销的对象正是企业内部的员工，它通过合理的招聘、选拔、培训、评估，以增强员工的服务意愿和提高员工的服务能力，促使员工能兑现企业的承诺。

服务营销三角形理论表明，内部营销是企业开展外部营销的前提，是企业信守承诺和兑现承诺的基础。

忠诚、优秀的员工是最好的营销员。要通过一系列相互协调的类似的市场营销的管理活动调动员工的积极性，并逐步塑造一种以服务为导向的文化氛围，使全体员工都具有强烈的服务意识，从根本上促进企业文化的传播，提高服务质量，最终提高企业的市场竞争力。这是最有效的内部营销工作。

内部营销，关键是操作

无论是将员工视为内部客户，还是强调员工在客户满意中所起的中心作用，内部营销理论的实质是强调企业要将员工放在管理的中心地位，在企业能够成功地达到有关外部市场的目标之前，必须有效地运作企业和员工间的内部交换，使员工认同企业的价值观，接受企业的组织文化，通过为员工提供令其满意的服务，促使员工为企业更好地服务。因此，提高员工的满意度就成为了企业内部营销的核心。

研究发现，影响员工满意度的内部条件按影响程度高低依次为：工作本身、培训、报酬、提升的公平性、在尊重和个人尊严方面所受到的待遇、团队工作、企业对员工生活福利的关心程度。有鉴于此，内部营销要围绕了解员工的情感和需求，吸引、培训、激励、沟通及稳定员工而努力。

（一）内部市场调研

员工满意是客户满意的必要条件。

提高员工满意度的前提，是了解了员工的情感和需求；只有真正了解了员工的情感和需求，才能实施对员工的有效管理。

可以借鉴外部营销调研的成熟方法和技巧应用于内部营销，如实地观察法、一对一访谈、专题讨论、问卷调查等，用于建立员工档案，了解员工的基本情况、技能特长、情绪、信仰、价值观等，对企业的态度、对管理者的评价和期望、对内部服务质量的要求、对企业产品和服务的看法及建议等。

内部市场调研的目标市场，不仅包括现有在职员工，甚至可以包括潜在的员工和离职的员工，这样才能真正了解职业市场的劳动力供求趋势、人才分布结构、薪资福利水平、期望的工作类型、职业发展方向及人才流动趋势等总体情况。

（二）内部市场细分

细分的前提是差异性和专业性，因为每位员工在受教育程度、人生经历上的不一致，导致了工作能力、心理和性格上存在着差别。要把现代营销的市场细分理论应用于内部营销，把企业的内部市场像外部市场营销一样进行细分，就要认真了解员工的工作能力、心理类型和性格，然后根据员工不同的需要及情感特征，将其分为不同的群体，实施不同的管理方法、有针对性的激励方式和沟通策略，安排适合员工个性和专长的工作岗位，采取不同的营销组合……如此才能留住员工、保持员工满意、提升员工忠诚度并充分调动每位员工的主动性，使之为实现企业的目标而积极服务。

内部市场细分的变量较多，除员工个性、知识特点等心理、行为变量外，主要还有“员工在组织中所处的层次”及“员工与客户接触的程度”等。

需要特别指出的是：职业经理人既是内部营销的目标客户之一，也是内部营销的领导者和发起者，如果没有他们的认同，内部营销的理念很难得到全体员工的认同、接受，并融入企业文化且成为其中的一部分；同时，后台接触员工和支持员工对创建、维护整个企业的“客户意识”和“服务文化”，也发挥着重要作用。

（三）招聘、教育和培训

不同的企业组织需要招聘不同类型的人才。企业与员工之间的相互匹配，是开展内部营销的先决条件，包括：企业文化与员工价值观、人格特性的匹配，企业发展方向与员工个人职业生涯发展方向的匹配，企业职位与员工能力、兴趣的匹配等，其中最重要的是企业文化与员工价值观的匹配。

对服务性企业来说，最重要的是具有服务意识和客户导向、头脑敏锐的人才。对业务的胜任和精通十分重要，客户导向甚至可能比业务上的精通更重要。因此，在聘用人才的时候，除了要考察其教育背景、技术技能等常规项目之外，还要重点考察应聘人员的内在素质和客户导向的程度，以保证吸收的员工易于同企业核心价值观相融合，有效降低新员工与组织的磨合成本。

（四）培育忠实员工

企业内部营销的成败就在于设法将个人目标与企业的整体目标有机地结合起来。

内部营销的核心是员工，根据马斯洛的需求层次理论，合理的薪酬与福利设施是让员工满意的首要条件。在内部营销过程中，可以根据不同激励目标，进行菜单式的激励策略的制定，要特别重视精神激励策略的应用。

内部营销强调重视员工，肯定员工的价值，充分挖掘员工的潜力。其最有效的方式就是赋予员工权利。对员工的授权，信任员工，将权力下放给员工，可以进一步增强了员工解决客人问题的能力。员工的授权也有利于员工特别是一线员工，可以使得他们迅速、弹性地回应各种服务状况和客人需求。

写给职业经理人

年底是展示一个人襟怀、为人、品格的最佳时期。老板在收获的时候，不要忘了给你创造效益的人；成功者受到褒奖的时候，不要忘记给你创造机遇的人。在盘点年终收获的时候，一定要想到所有帮助过你的人，因为有了他们，你才有了今天。

老总要亲自抓营销

很多人看到这个题目后可能会有疑问：企业的一把手要管的事情太多，政府公关、媒体采访和投资者关系等都需要处理，有的老总每周要花几天时间处理这些事务，而营销只是一个部门、一个方面的事情，为什么要亲自抓？确实，老总们现在无法跟踪企业里每件事情的进展，但是有一样他们必须关注，那就是营销。老总们必须清楚，正如德鲁克强调的："除非你能卖出东西，否则你就不是企业。"

下面我们就从三个方面来看一下为什么老总要亲自抓营销。

（一）营销已成为企业生存和发展的核心

德鲁克曾经说过："由于企业的目的是创造消费者，所以企业有且仅有两项基本功能：营销和创新。营销和创新产生成果，其他都是成本。"他进一步提到："营销是企业显著且唯一的功能。企业之所以不同于其他组织，是因为它将一种产品或服务推向市场；而教会、军队、学校和国家都并非如此。任何以产品或服务推向市场为己任的组织是企业。任何不从事营销或只是偶尔为之的组织都不属于企业性质，而且永远也不可能如企业一样运营。"

尽管德鲁克早在 1954 年出版的《管理的实践》一书中就谈到了上述观点，但这些还是经过了很长时间才为美国企业的董事会所接受。2005 年 11 月，德鲁克先生去世，全球范围内掀起纪念德鲁克的热潮，中国企业才开始对他的观点重视起来。

现在在美国市场，连狗粮都有 180 多个品牌了，企业已经进入到全球一体化的大竞争时代。商业即是战争，每个企业都在打一场营销战，而决定性的战场不是在渠道，不是在终端，而是在消费者的大脑、消费者的心智当中。比起我们经常挂在嘴边的"创新"而言，营销对企业的作用更为重要也更为根本。

其实，创新之所以重要，又恰恰在于为了确保企业的营销优势。简单来说，创新就是为了让产品更好卖，创新是为营销服务的。比如，你计划推出一个新产品，首先要看市场上类似的产品有哪些；接下来非常关键的一步，就是要研究消费者心智，找出把自己的产品打入消费者心智的方法；如果找不到这个方法，那就要回头重新考虑产品，考虑创新。

有个朋友要开饭店，一见面就问我，你看我经营 × × × 可以吗？我就反问他，周边的市场环境是什么？你要把产品卖给谁？你的产品在同行中是什么位置？你的产品有什么优势？这些问题都不清楚，盲目地就要开一家饭店，不失败才怪呢。

（二）营销之重，绝非营销部所能承担

这句话是惠普企业的创始人之一大卫·帕卡德说的。的确，成功的营销战略的一个先决条件就是老板的亲自参与。这有两个原因，其中一个是营销和品牌不只是企业内部会议上的一个简单话题，它是企业的本质，决定着企业的成败。另一个原因是，伟大的营销战略都可能涉及重大的取舍，而“舍”需要莫大的勇气，老板的支持至关重要。

莲花企业之前有一个产品——“莲花1-2-3”运算表，非常成功，后来微软企业推出免费的Excel（微软办公软件组件之一，是一款试算表软件）来对抗这个产品，捆绑着Windows操作系统赠送，一下子让莲花企业面临绝境。

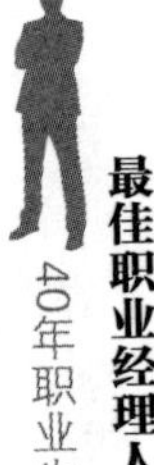

有人重新梳理了莲花企业的业务之后，建议莲花集中力量发展推广一个新产品“NOTES”（产品名称），提出了一个“群组软件”的营销战略。但企业的很多董事都不同意，为了表示反对纷纷离开会议现场，这个时候老板的支持起到了关键性的作用。

最终，莲花企业采纳了这条建议，“群组软件”的定位使其避免了破产的命运，重获新生，后来还以35亿美元的天价卖给了IBM。

（三）伟大的老板都是杰出的营销专家

事实证明，在过去的60余年里，全球大多数占财富500强企业的老板，几乎都亲自参与并主导企业最为核心的营销战略决策。比如：微软的比尔·盖茨、沃尔玛的山姆·沃尔顿、麦当劳的弗雷德·特纳、沃特迪士尼的麦克尔·埃斯纳、宝洁的约翰·斯梅尔、可口可乐的罗伯特·戈祖埃塔，以及通用汽车的罗杰·史密斯……

这些人有什么共同之处呢？他们都是1985—1994年的“年度最佳营销者”。这一成果，使得华尔街对老板有了一个全新的定义。什么是老板？看得懂资产负债表的营销专家。

在中国企业的老板中，像海尔的张瑞敏、娃哈哈的宗庆后、蒙牛的牛根生、阿里巴巴的马云、巨人的史玉柱、格力的董明珠等也都是非常杰出的营销专家。听过这些，很多老板可能清楚了，营销确实非常重要，必须亲自抓！

老总们现在无法跟踪企业里每件事情的进展，但是有一样他们必须关注，那就是营销。老总们必须清楚，正如德鲁克强调的，“除非你能卖出东西，否则你就不是企业。”成功的职业经理人、成功的总经理一定是优秀的营销专家。

第九章 执行力决定成败

执行力是需要所有的职业经理人和员工去共同执行的。再好的决策不去执行，都注定会失败。有效的执行还可以对不完善的决策起到互补作用。

水桶定律，找出饭店执行力短板

美国著名管理学家托马斯·彼德曾这样说道：“一个合格的战略，如果没有有效的执行，会导致整个战略的失败；有效的执行不仅可以保证一个适合的战略成功，而且还可以挽救一个不适合的战略，或者减少损失。”由此可见，执行力对于一个组织而言是多么重要。

执行力是所有职业经理人都必须面对的问题！职业经理人必须深入而充满激情地参与到执行中去，通过个人参与的方式来提升组织的执行力；同时，执行力也是所有员工都应面对的问题，因为个人执行力的高低直接决定了自己的业绩与前途。

如今，竞争靠产品质量，靠信息捕捉，靠一心一意的团结力量。没有执行力，何来竞争力？

一个饭店就如同一个大木桶，每个员工都是组成这个大木桶的不可缺少的一块木板。饭店的最大竞争力不仅仅取决于某几个人的超群和突出，更取决于它的整体状况，取决于它是否存在某些突出的薄弱环节。因此，要想提高执行力，首先就要找出饭店执行力的短板！

（一）渠道问题

很多饭店职业经理人时常抱怨，上情不能及时下达，即使下达了也是有折扣地传达，员工们获得的信息与上层的初衷经常会出现很大的出入。

现实中，有些职业经理人有时会过高地估计中层的理解能力，以为他们都能充分理解饭店的决策，其实不然！职业经理人没有说清楚的事情，员工是不敢擅自解读的，因为怕负责任。既然理解不了，就先放一放再说。于是，职业经理人的想法就被堵在了这里，具体表现就是：政令不畅，责任不明。

（二）人际关系问题

任何事都离不开人际关系，可是在工作中，职业经理人一般都不能跟每个人的关系处理得到位。有些酒店引进了西方的职业化管理方式，强调团队无间配合，整体利益大于个体利益，可是结果却发现，成员之间的人情味变淡了，大家都变得利益至上。

人脉不仅代表了单独的一个个体，其真正内涵是这个群体的文化和利益。饭店业是一个“高接触”的行业，不管你有怎样的背景，不管你是做服务还是搞管理，只要进入了饭店这一行，就会不可避免地要接触很多人，就会遇到很多属于人际关系方面的问题。因此，对于职业经理人来说，处理好人际关系是非常重要的！

（三）权力问题

这里所讲的权力是指权力的分配。饭店的权力结构来自股东，没有充分的信任和授权，就找不到合适的管理者，包括总经理和部门经理。这是一个“舍”和“得”的选择题，不“舍”就不会“得”。

解决了高层的权力，还要看中层的权力。有些中层管理者的执行力之所以不强，很大一部分责任其实是出在高层。当高层管理者将所有的权力都抓在自己手中时，其他人怎么会主动做事？

就工作而言，人际关系问题处理得好，能促进饭店服务质

量和管理水平的提高，就个人而言，每天都能从人与人的交往中，获得心理上的满足。如果你是一名职业经理人，不仅要处理好自己所遇到的多种人际关系问题，而且有责任指导自己的部下处理好他所遇到的各种人际关系。

适当授权， 让执行畅通无阻

谈到授权，对于每个职业经理人都不陌生，但在实际管理中真正做到授权的却很少。很多职业经理人虽然也知道，许多事情必须安排给下属去做，但总是担心或者不放心，经常会亲力亲为，自己整天忙得不可开交，而下属却对此不满意。如此一来，下属的责任心就会减弱，工作热情就会下降，工作效率也就越来越差，严重影响团队的执行力！由此可见，执行力不足的一个重要原因就是管理者不善于授权或不敢授权！

随着信息经济的不断发展，社会变得更加纷繁复杂，职业经理人只有学会正确授权，才能减轻工作压力，提高工作效率，才能有效提高执行力！

授权是职业经理人无法回避又容易忽视的一个重要问题，也是管理者难以驾驭又必须学会处理的一门艺术，更是最考验管理者的水平和能力的难题之一。

（一）饭店授权的常见误区

在饭店实际工作中，授权却存在着种种误区，现在我们就结合饭店管理工作的实际，对管理者授权的常见误区及其原因进行初步探讨，并提出一些粗浅建议。

1. 授权不足

主要表现为，饭店管理者把本该授权的事情不授权，由自己处理；有些管理者是“小权不放，大权独揽”，喜欢事事亲历亲为，事事自己说了算。这样做不仅增加了自己的负担，而且不利于发挥和调动下属的积极性，使他们对分内的事也不能做到全力以赴。

2. 授权过度

有些饭店管理者把本该由自己亲自处理的事情也交给他人来做，甚至当“甩手掌柜”。这样做，管理者虽然减轻了负担，但是可能会使事情得不到圆满处理，甚至会误了大事要事。

3. 授权不明确

有些管理者会将同一件事同时授予不同的人或今天授予张三明天又授予李四，或者授权的事情和内容不明确、不具体。前者会使人责任不清，谁都负责，谁都不负责；后者则会使人无法掌握授权的内容和范围，造成要么行使权力过度，要么不足。

4. 授权对象不当

将本该授予张三的权力授予李四，或者是将张三更合适的权力授予李四，这样就会使张三感觉管理者偏心或不信任自己，影响他的士气，进而影响工作任务的圆满完成。

5. 授权不放权

有些饭店管理者虽然名义上进行了授权，但是在实际工作中却还是时时处处事事要自己说了算，即使已经明确授权的事还是要求下属必须照自己的“指示”办，甚至对明确授权的事也经常一管到底。这样的管理者是不得人心的，下属不可能尽心尽力去工作。

6. 授权不控权

有些管理者对自己授权的事不关心和不过问，甩手不管，完全由下属自作主张，甚至发现明显的问题也不指出。一句话，他们对授权完全不控制。这样做也是非常危险的！

（二）正确授权的基本方法

1. 明确授权的内容

作为管理者，通常可以将自己的工作分成四类：一是重要且只有自己能做或只适合自己做的事；二是重要但别人也能做的事；三是不重要且只有自己能做或只适合自己做的事；四是不重要且别人也能做的事（见下表）。

不同管理者授予权利的区别

类　别	授　权
第一类	在饭店，像经营决策、大的设施设备改造和添置、中层以上管理人员的选拔任免、大项经费开支的审核、重要合同的签订和 VIP 接待等大事、要事，饭店领导必须亲自处理； 对饭店部门来说，像部门的发展规划和定位、计划安排、部门的队伍建设、基层管理人员的选拔任免、质量建设、经费的开支和部门重要合同的签订等，一般需要饭店部门经理亲自处理
第二类	在自己的时间精力比较充足的情况下，可以选择一些相对更重要的事来做，否则全部授权于人
第三类	虽不能或不适合授权他人来做，但可以尽量压缩和减少，只有那些真正必须自己亲自处理的事才亲自处理。如私人信件、直接打进手机的电话、必须自己亲自出面的接待和处理的客人投诉等
第四类	应毫不犹豫的授权他人处理

2. 找准授权的对象

这是饭店授权的难点和重点。

首先，饭店管理者要有容人的肚量。

其次，饭店管理者要有识人的慧眼，要对下属的品德、能力、素质、性格等有一个全面、正确的认识，知道哪些人能干哪些事，适合干哪些事。

最后，饭店管理者要心胸宽广、公正无私。在确定授权对象时，必须坚持唯才是用、量才适用、用才所长的原则，只有这样，才能真正将合适的事情授权合适的人。

3. 把握授权的分寸

饭店管理者如何才能把握好授权的度？

第一，要遵守一个基本原则。

管理者只需做自己必须做的事，将不必自己亲历亲为的事授权他人；只需做下级不能做的事，将下级能做的事授权下级去做。

第二，要对授权对象的权力进行适当控制。

一般来说，将某件事情授权给下属后，首先，应该充分信任他，将完成任务所应有的权力赋予他，使他真正有责有权、权责统一。其次，要求下属在履职用权的过程中不要事事请示，但要经常沟通，使自己对下属履职用权的情况做到胸中有数。

（三）授予何种权力

什么样的权力可以下放，权力下放的程度大小如何？不同的饭店规模不同，人员的层次不同，所授权力也应有所不同。具体来说：

1. 基层一线服务人员

（1）更换客人认为有问题的菜肴

客人对刚上桌的菜肴提出异议，如不新鲜、太咸等，服务人员有权要求厨房重新做一道菜或退换。然后将有异议的菜肴交给餐厅经理，如有问题，找出导致问题的根源所在；如确实没有问题，则将该客人的饮食偏好记录在客户档案中。一线服务人员有了这样的权力，就会对客人的不满迅速做出反应，而不用请示汇报，让客人在等待中更加不满。

有一家三星级饭店，其管理者特别放权给自己的员工，允许员工根据实际情况给不满意的客人送饮料和水果，授予销售人员可请客户试餐的权力。开始有人担心员工会借机乱送饮料、水果，会随意请人吃饭，可事实上，员工不但没有乱支出，反而结交了许多客户，业绩也有所上升。相比之下，有的饭店把权看得很紧，不信任员工，结果导致员工暗中想尽一切办法谋私利。

（2）对不满意的客人做出一定补偿

有时，客人可能会对服务工作产生不满，如等待时间过长、服务人员不小心对客人造成伤害等。服务员对客人仅仅说一些道歉的话，是难以化解客人不满的。这时，服务员就应对客人做出用不超过餐厅规定限额的额外支出，来安抚不满的客人。

（3）对客人不小心打坏餐具的处理

客人打坏餐具，相信每家酒店都会发生。一般的处理不是马上向客人明示，而是在结账时向客人说清楚将费用加在其中，这样做是为了照顾客人的面子。一线人员有了处置权，就能够根据实际情况灵活地做出反应，不至于为了区区几元钱损失一位客人。

2. 领班、部长

（1）具有基层员工的权力并适当提高补偿额度权

领班的补偿额度权应比员工有所提高，至于多少额度，要根据饭店的实际情况和被授权者的工作能力而定。领班依靠手中掌握的这些资源，就可以灵活地处理客人的投诉。

（2）制作员工月工资考勤表

一般员工工资考勤是由经理来制作的，但我认为这样重复性的且有制度可依的工作，可交由下属来做，由经理审核签字即可。

3. 对收银员

收银员直接面对客人服务的机会不多，但是，对他们的授权也不能忽视。有这样一个故事：

一天中午，收银员正在做下班前的结账工作，突然，从外面进来一位客人，说早茶在这里消费了86元，忘记开发票，要求补开发票。

收银员说，饭店对发票管理的比较严格，一般都是收钱时开发票，也有客人过后补开的，但需要有结账人员的证明。

看到已是下班时间，剩下的人员中都没有印象。于是，收银员让他当天晚上再来，找为他结单的服务员。客人听后非常不满。为了解决问题，收银员打通了经理的电话，请示该如何处理。

经理问她：是熟客还是生客？当听到梁小姐回答好像没见过时，该经理说按饭店规定处理。放下电话，收银员歉疚地对这位客人表示无奈，只好请他晚上再来。收银员看着客人愤然离去的背影，心里很不是滋味。从那位客人的言行举止看，绝不像是一个为骗取不到一百元发票的人，但自己有心无力，只能看着客人愤然离去。

授权于一线服务人员，允许他们按照自己认为最好的方式来为客人服务，就可以极大地改善和提高饭店的服务质量。试想，收银员连开100元以下（成本可能仅仅几元钱）发票的权力都没有，怎么可能有主人翁的精神？怎么可能对自己所从事的工作建立起责任意识呢？

写给职业经理人

应对下属履职用权的过程保持关注和控制，当发现下属需要支持和帮助时及时提供必要的支持和帮助；当发现下属用权的行为出现偏差或发生问题时，及时提醒和纠偏。

有效激励，提高执行效率

激励是一种有效的领导方法，它能直接影响员工的价值取向和工作观念，激发员工创造财富和献身事业的热情。激励的作用是巨大的！有这样一个故事：

一天，一位营销经理出色地完成了任务，他兴高采烈地对经理说："告诉你一个好消息，我跟了两个月的那个客户今天终于同意签约了，而且订单金额比我们预期的多了20%，这将是我们这个季度价值最大的订单。"

经理听了他的话，冷冷地说："是吗？你今天上班怎么迟到了？"营销经理解释说："二环路上堵车了。"营销经理还想说，可是经理已经打断了他的话："迟到还找理由，都像你这样，企业的业务还怎么做！"

营销经理垂头丧气地回答："那我今后注意。"之后，营销经理带着沮丧的表情，有气无力地离开了经理的办公室。

故事中，营销经理本来是想寻求经理的肯定和表扬激励，可是不仅没有得到经理的任何表扬，反而因为迟到之事受到了批评，严重挫伤了他的积极性。其实，管理人员进行激励并非一件难事。如果上面的这位经理能够给营销经理一些鼓励，相信营销经理在今后的工作中定然会更加全力以赴！

执行力强的企业，员工队伍一般是充满朝气的；执行力弱的企业，员工队伍往往都缺乏活力。美国哈佛大学教授詹姆士曾在一篇研究报告中指出：实行计时工资的员工仅发挥其能力的20%~30%，而在受到充分激励时，可发挥至80%~90%。员工是提升企业执行力的核心要素。在工作中，激励是提升执行力的一种有效方法，只有通过正确的激励，将执行力的培养与员工个人的发展紧密结合起来，才能实现企业发展与个人发展的双赢。

饭店业面临的最大困惑之一就是人才流失，特别是频繁的核心人员跳槽。这与饭店采取的激励手段的有效性不足是密切相关的。当前国内饭店业中普遍存在着激励方式重点不突出、对象不明确、缺乏力度、机制单一、重物质轻精神等问题。这在一定程度上产生了激励与需要的错位。

饭店的活力源于每个员工的积极性、创造性。由于人的需求多样性、多层次性、动机的反复性、调动人的积极性也应有多种方法。饭店应该重视激励手段和措施的创新，根据自身的一些实际情况综合运用多种“另类”激励手段，以达到预期的目标。

第一，让员工感受职业安全。

为了减少员工的失业，饭店管理者要设计一定的保障政策，不到迫不得已不要轻易提出裁员计划，让员工有职业安全感。日本的一些饭店就倡导终身雇用制，员工与饭店成为一体，员工对饭店产生了更多的认同感和主人翁的意识，实现了员工对饭店的忠诚。

第二，让员工持续充电。

饭店不仅要为员工提供充电学习的机会，还要积极为他们创造持续的充电机会，为每一个有需要的员工建立培训档案，与员工一起进行职业规划，将员工的发展与饭店的发展联系起来。同时，可以建立一个学习型组织，让员工感觉到这个饭店的氛围可以让他不断地提升自己的技能，充实自己的经验。

第三，让员工感受及时雨。

薪酬支付的时间也是有技巧的，支付的时间不同，产生激励的效果也不同。不同的员工会有不同的心理需求，而员工年龄的增长、经济状况的改变和饭店经营环境的变化也会影响到薪酬的支付效果。例如，对年轻的员工必须即时支付，无论是发奖金，还是给予休假、给予奖励或表扬等都必须即时。同样的奖金，发放的时间不同产生的效果也不同。比如，除夕当晚值班人员的红包，当时没有发而是过了十五才发，那么这个红包再大都会大打折扣。

第四，让员工乐不思蜀。

管理者要想一些小型激励措施，在不减少激励分量的同时，适当提高激励的覆盖面。事实证明，频繁的小规模奖励会比大规模奖励更有效。小型激励会让员工经常沉浸在受奖励的快乐中，能够产生持续的激励效果，增加员工的工作动力。

第五，让员工有意外收获。

为了有效抑制员工由于对固定奖励的模式化的思维而产生惰性心理，可以减少定期奖励，增加不定期奖励。饭店管理者要建立一种无制度的心理契约，员工不知道谁会在什么时候得到意外的奖励，就会给员工带来意外的惊喜，让他觉得工作更有乐趣。

第六，让大家、小家成为一家。

饭店要设立一些专门为员工家属提供的特别福利，比如：在节日之际邀请家属参加饭店的联欢活动，赠送饭店特制的礼品，让员工和家属一起旅游，给孩子提供礼物、奖学金等，这样做，不仅会令员工在家属面前感到有“面子”，也会让其家属感到温情和满足。

第七，让员工在平等中进取。

尊重可以赢得人心。饭店要将员工看成是合作者，饭店的所有者、管理者和员工在人格上是平等的，在工作上只是扮演的角色不同而已。可以在饭店推行“同一公民”制度，总经理与员工穿相同的制服；野餐的时候，总经理给普通员工烤羊肉串，这样就拉近了双方的距离，消除了双方的情感屏障。

第八，让员工享受一对一激励。

要提高激励的效率，就要对员工采取“一对一”的激励。根据员工不同的情况和需要量身定制不同的福利，并确保这项福利对该员工是最有吸引力的。

激励员工从结果均等转移到机会均等，并努力创造公平竞争环境，激励要把握最佳时机。激励要有足够力度，要公平准

确，奖罚分明。应当物质奖励与精神奖励相结合，奖励与惩罚相结合。

沟通到位，才能执行到位

有这样一个典故：

战国时期，有一个音乐家叫公明仪，既擅长作曲，也能演奏，尤其擅长弹奏七弦琴。很多人都喜欢听他弹琴，人们都很敬重他。

公明仪不仅会在自己家里弹琴，如果天气好，他还会带琴到郊外弹奏。有一天，他来到郊外，春风徐徐，垂柳摇曳，一头黄牛正在草地上低头吃草。公明仪一时兴起，摆好琴，拨动了琴弦。

公明仪满以为自己的琴音能够博得老黄牛的欣赏，可是老黄牛却无动于衷，仍然低头一个劲儿地吃草。公明仪觉得，可能是因为这首曲子太高雅了，黄牛听不懂，于是便换了个曲调。可是，老黄牛依然毫无反应。最后，老黄牛慢悠悠地走开，换个地方去吃草。

公明仪见老黄牛不答理自己，感到很失望。这时候，有个路人对他说："不要生气了！不是你弹的曲子不好听，是你弹的曲子不对牛的耳朵啊！"最后，公明仪只好抱着琴回家去了。

很显然，问题不在牛，而在弹琴的人。对着牛弹琴，牛能明白吗？错在哪里？显然是弹琴之人。这就再一次告诉我们，在执行当中，要想提高执行力，必须学会"牛"语，必须进行积极有效的沟通。否则，下属怎能执行好呢？

饭店的工作是纷繁复杂的，在"吃、住、行、游、购、娱"六大旅游要素中，饭店至少占了其中三个，而"购"也成为许多配置齐全的高星级饭店新的收益增长点。在这样的环境中，“沟通”就有了更高的要求和更深的意义。

世界上没有两片树叶是完全一样的，更没有两个人是完全一样的，即使是容貌相近、心灵相通的双胞胎，性格上也会存在一定的差异。因此，在工作中要和各方面做到充分沟通，努力做到换位思考。

沟通除了有“自身需求”的原因外，还有“社会要求”。如在饭店的工作中，要想做好任何一次服务接待，各部门员工都要了解其中的要义，做好工作，这就是沟通的社会价值的体现，任何一点不足都会引起客人对饭店服务的不满。

（一）上下级要及时沟通

工作中的沟通莫过于“上情下传”和“下情上达”，如果只是接受工作或者指派工作，是很难真正了解到工作的要义的。由于专业化分工的不同，管理人员与员工在价值观上也是不一样的。在工作中经常会看到这样一些现象：下属抱怨领导不公平，领导觉得下属不尽责。如果矛盾不能及时解决，就会激化；在同一岗位上连续工作三年停滞不前也会让人变得厌倦，要想让人获得良好的心态，互相信任，就要多沟通。

在传递信息时，我们要准确地将信息传递出去，面对不同的人还要采用不同的方式。比如，有的人容易接受文字，有的人容易接受语言，有些人则需要语言和肢体语言共同作用。

在一个部门中，员工的家庭背景、年龄、文化程度不尽相同，管理者要尽可能通过不同“语言”进行沟通，使他们相同理解。在传达重要信息的时候，为了消除语言障碍带来的负面影响，可以将文件或讲话稿让不熟悉相关内容的人了解，让他们在沟通中捕捉重点。

同时，如何索取和接收准确的信息也是我们需要面对的。在传递信息中，不能确定对方是否准确了解了内容和意图，作为接收对象时，要主动

“索取”准确的信息，否则就可能存在与事实不符的地方，甚至与同事产生误解。

（二）做好和客人的沟通

饭店的沟通表现在方方面面，内部沟通是基础，对外沟通是重点。有的客人在饭店的体验是宾至如归，而有的人则感觉受到冷落，究其根本，主要在于沟通的充足与否。饭店要了解客人的需求，关注客人的喜好，在不断的沟通中获得信息，让客人获得满意的服务。在服务的沟通中，除了要明白客人的需求，向客人传递准确信息外，还要让客人感受到自己在沟通中的主动和细心。

沟通是一门艺术，每个细节都能决定一件事的成败。而在处理客户投诉时，沟通更是最好的良方，比辩解和其他弥补都要有效。客人给予沟通的机会，便是向饭店提供改正错误的机会，对饭店还是留有信任。处理投诉时还要兼顾客人和饭店双方的利益，沟通中的不卑不亢会让沟通变得顺畅，让客户更加满意。

写给职业经理人

内外沟通同样重要，如果有一个方面做不好，就会影响到服务的质量。“听其言，观其行”，言是第一位，沟通不到位，又怎么能将服务做好？

附录 1

力之源理论

正确的心态，如同一面镜子，会客观、公正、积极地看待客观事物。错误的心态如同一面哈哈镜，会主观、扭曲、消极地看待客观事物。心态决定行为，行为影响到了人生。

——“心如镜之说”

老板在收获的时候，不要忘了为你耕耘的人；耕耘者获得收获的时候，不要忘了给你创造机遇的人。感恩是双向的。

——“双向感恩之说”

在现实生活中，老板总是感觉找不到称心的职业经理人，职业经理人也总是感觉找不到称心的老板。就如同手拿摇控器看电视，总想找最好的节目，可是总是找不到称心的节目一样。其实，老板与职业经理人之间应该多一些相互欣赏、相互包容，少一些相互挑剔、相互责难。

——“遥控器之说”

人们在赞扬桌子的时候，看到的更多的是桌面。其实，支撑这个桌面的是那每一条桌腿。因为有了这几条挺直的桌腿，桌面才平稳。在团队中，当领导的一定知道感谢你的下级，因为他们是构成这个团队的基础。

——“桌面与桌腿之说”

要低调做人，首先是不张扬。一个人能否得到对方的尊重，不取决于你趾高气扬。其次是少论人非。讨论人非无非是显示自己比人家强。还有，要懂得“三人行必有我师”的道理。白天看太阳，即便是阴天，太阳也比月亮明亮。

——“太阳与月亮之说”

要记住在你饥饿时，为你送上哪怕是一口水的人；要记住在你寒冷时，为你送上哪怕是一根火柴的人。而你应该忘记在你春风得意时，为你喝彩、为你送上哪怕是金银财宝的人，因为那未必是真心。

——“滴水与金钱之说”

压力，不同的人有不同的压力，如何去忍耐、去化解呢？人有无限的潜力，有无限的生命力，当压力出现在你面前的时候我们要感谢它、正视它，用勤劳与智慧化解它，这是在实现你生命的价值。有压力就等于有了机遇。

——“压力是机遇之说”

把工作当工作，尽职尽责；把工作当事业，竭尽全力。把工作当工作，月月领薪水；把工作当事业，日日有提升。

——“工作不等于事业之说”

拿多少钱、干多少活，只能是干多少活，拿多少钱；拿不多钱，干不少活，才能是干不多活，拿不少钱。

——“工作与待遇之说”

有的人本事不大，可价越喊越高，可惜买账的人越来越少；有的人有本事，可价喊得合理，结果买账的人越来越多。实际上，价不是喊出来的，是干出来的。有业绩才有人买账。业绩是待遇之根，根深才能叶茂。

——“业绩与待遇之说”

附录 2

“力之源”——酒店管理行列中的奇葩

近几年来，

在酒店业活跃着一支特别的团队；

这支团队拥有先进的酒店管理理念；

这支团队拥有一批优秀的管理人才；

这支团队奔波于大江南北从事培训、讲学；

这支团队为酒店业培养了一大批职业经理人；

这支团队为酒店业创建了多家品牌酒店；

这就是——力之源酒店管理有限公司。

2011 年 11 月，郭力源老师为了使自己多年积累的管理经验得到传承，使更多的人，特别是一代新人快速成长为酒店业的主导力量，领衔组建了沈阳力之源酒店管理有限公司。

力之源酒店管理有限公司成立以来，先后承接了盘锦银龙大酒店、凌源国际酒店、宁城国际酒店、沈阳北辰大酒店、沈阳紫薇仙庄宾馆、丹东恒基洗浴中心、北京某高端会所、辽宁政法学院、辽宁省饭店行业协会等企业、学校、行业协会的市场调研、装修现场管理、筹备开业、开业庆典策划、全权委托管理、顾问管理、技术咨询、培训教学等项目，均获得了合作方的认可。

2013 年，沈阳力之源酒店管理公司被辽宁省饭店行业协会授予“优秀酒店管理公司”的荣誉称号。

（一）独到的管理理论

郭力源在从事酒店管理的同时，还积极从事管理理论的研究，并有独到的见解。他先后在《人民日报（海外版）》《中国旅游报》《中外饭店》《中外酒店》《辽宁日报》《辽宁经济》《沈阳日报》《渤海商报》等报纸和刊物上发表论文、成功案例几十篇。有的论文被收录到《当代社会科学研究文集》、有的文章作为“亮点文章”成为刊物的封面标题、有的文章被多家网站刊登、有的文章还获得了全国精神文明建设专业委员会颁发的“优秀论文一等奖”，辽宁省企业联合会颁发的“优秀论文奖”等。《应对 WTO 的四步“棋”》《入世最忌“恐慌症”、“麻木症”、“狂想症”》《管理人员也要管理》《日本饭店的服务与管理》《饭店营销工作的思考（第一作者：苗珍子）》《营销环节中的服务功能（第一作者：苗珍子）》《员工培训，是福利还是投资（第一作者：马晓红）》等论文在行业内具有一定的影响。其中《饭店业营销工作的思考》，荣获“第二届中国人文科学优秀创新成果”一等奖。

郭力源独到的观点有：“毛衣理论”“插口理论”“遥控器理论”“桌面与桌腿理论”“质量管理再‘造’理论”“内部营销胜于外部营销理论”“培训是企业的投资理论”等，在业内具有一定的影响。

2013 年年底，郭力源又大胆地对传统的、延续多年的管理理论提出了自己的观点，如废止末位淘汰制、废止优秀评选制、废止保密工资制、软指标硬考核等，这些观点在行业中都具有一定的指导意义。

（二）倾心于培养后来人

十几年来，郭力源老师的培训足迹几乎遍及了辽宁省内的各大城市，以及北京、黑龙江、云南、山东、河北、新疆等城市的几十家宾馆、饭店、企业、学校，多次为全国饭店职业经理人培训班、辽宁省饭店与餐饮业职业经理人执业资格培训班授课，听课学员万余人次。

2006年，在《成功无限》杂志等20家网站、30家媒体在全国举办的《中国培训师竞争力排行榜》的评选活动中，郭力源被评选为“中国十大行业培训师”，成为全国饭店业中的唯一一位代表。

2007年，应邀赴最佳东方——先之国际酒店管理学院讲学，成为东北地区第一个登上这一讲台的人。

十几年来，郭力源及他所带领的管理团队创造了一个又一个品牌酒店，更难能可贵的是，在郭力源老师的培养和带领下，一大批酒店业的职业经理人正在茁壮成长，有相当一批人已经走上了中高层的领导岗位，成为行业中的佼佼者。在中外酒店论坛主办的第二届中外酒店白金奖评选的会刊上，郭力源被誉为“北方酒店业的传教士”。自“力之源”创建以来，郭力源把所有的精力都倾注于“培养酒店业后来人，扶植酒店上台阶”上。

（三）公众对沈阳力之源酒店管理有限公司的评价

几年来，“力之源”获得了业主的普遍好评，也赢得了社会的认可。

这（盘锦昆仑大酒店）就是盘锦酒店业的样板，应该好好宣传，硬件不用说，软件服务相当好！

——国家旅游局副局长　张希钦

力之源酒店管理团队是一支全部由精英组成的队伍，创建者郭力源先生对盘锦旅游产业和酒店管理工作做出了突出贡献。虽然他离开盘锦已两年有余，但时至今日，在盘锦政务接待、商务接待和大型活动接待中，依然能感受到力源老师打下的深深烙印，是他把盘锦酒店接待工作提升到正规化、专业化的水准，并打造了两家政务接待和商务接待的高端品牌酒店。

——盘锦市旅游局副局长　任淑珍

郭力源老师是最敬业的总经理，他“勤奋敬业，廉洁自律”，我们全集团的管理人员，特别是职业经理人都要向他学习！

——河北卓正企业集团董事长　辛会来

在酒店土建之后我们很迷茫，我们不知道下一步该如何做了。后来我们找到了力之源，他们帮我们对不合理的土建进行改造，承担着酒店开业的所有筹备工作和日后的经营管理工作。应该说，没有力之源就没有银龙的今天。

——盘锦银龙大酒店董事长　夏良昌

非常感谢这支优秀的管理团队，我本人通过筹建这个酒店深刻感受到了专业化的重要。在筹建时对酒店建设的修正、在采购时专业水准的运用，为企业节省了几百万元的投资，这是我永远不能忘怀的事情。

——锦州夫宇大酒店董事长　朱红伟

在与力之源以及郭老师合作的实践中，我多次感慨地说，正因为我认识了郭老师，正因为和力之源酒店管理公司的合作，使我们大大减少了“在黑暗中探索的时间”，少花了不少学费，少走了不少弯路。

——辽宁电力公司北辰新汇酒店管理公司董事长　马民

我管理这里四年半了，已经不知道路该怎么走、该如何操作、未来是什么了，和力之源合作如同遵义会议，我们实现了华丽的转身。我知道如何做了，知道未来了，是力之源把我们领上了一条康庄大道！

——北京某会所业主

多年来，力源老师在经营管理酒店的过程中，时刻不忘对这一领域的理论研究，他多次在《中国旅游报》等报纸与刊物上发表自己的研究成果以及成功案例，是酒店业难得的一位儒商。

——《中国旅游报》辽宁记者站站长　周凤文

* 辽宁《人力资源》杂志称郭力源为“给职业经理人穿上温暖毛衣的人”

* 沈阳《沈阳晚报》称郭力源为“创造品牌饭店的人”

* 深圳《中外酒店》杂志称郭力源为“北方饭店业的传教士”